W9-DEU-941

21.95

EL NIÑO Y SU MUNDO

EL NIÑO Y SU MUNDO

Tu bebé juega y aprende

160 juegos y actividades de aprendizaje
para los tres primeros años

Penny Warner

ONIRO

PUBLIC LIBRARY, PRINCETON, NJ

Título original: *Baby Play & Learn*
Publicado en inglés por Meadowbrook Press

Traducción de Elena Barrutia

Diseño de cubierta: Víctor Viano

Ilustraciones de cubierta y del interior: Jack Lindstrom

Distribución exclusiva:
Ediciones Paidós Ibérica, S.A.
Mariano Cubí 92 – 08021 Barcelona – España
Editorial Paidós, S.A.I.C.F.
Defensa 599 – 1065 Buenos Aires – Argentina
Editorial Paidós Mexicana, S.A.
Rubén Darío 118, col. Moderna – 03510 México D.F. – México

Quedan rigurosamente prohibidas, sin la autorización escrita de los titulares del *copyright*, bajo las sanciones establecidas en las leyes, la reproducción total o parcial de esta obra por cualquier medio o procedimiento, comprendidos la reprografía y el tratamiento informático, y la distribución de ejemplares de ella mediante alquiler o préstamo públicos.

© 1999 by Penny Warner

© 2000 exclusivo de todas las ediciones en lengua española:
   Ediciones Oniro, S.A.
   Muntaner 261, 3.º 2.ª – 08021 Barcelona – España (e-mail:oniro@ncsa.es)

ISBN: 84-95456-24-9
Depósito legal: B-30.023-2000

Impreso en Hurope, S.L.
Lima, 3 bis – 08030 Barcelona

Impreso en España – *Printed in Spain*

ÍNDICE

Introducción   9

Los tres primeros meses   **13**
¡Ha desaparecido!   14
Pelota rodante   15
Masaje   16
Baño de espuma   17
Abejita   18
Guiños   19
Cara con dedos   20
Piececitos   21
Te pillé   22
Palmadas   23
Pies contentos   24
Espejo mágico   25
Música vocal   26
Momentos musicales   27
Cucú   28
Estrellas fugaces   29
Pegatinas faciales   30
Bebé rodante   31
Barriguita parlante   32
Gusanito   33

De tres a seis meses   **35**
Canción personalizada   36
El autobús   37
Paseo en barco   38
A volar   39
De pesca   40
Fuera sombreros   41
Pataditas   42
Locomotora   43

Melodía móvil   44
En la vieja factoría   45
Abre y cierra   46
Marioneta   47
Paseo a caballo   48
Baño de lluvia   49
En marcha   50
Linterna   51
Arañita   52
Rodajas de plátano   53
Aúpa   54
Paseo acuático   55

De seis a nueve meses   **57**
Abracadabra   58
En el zoo   59
Muñecos rellenos   60
Tambor   61
Que te pillo   62
Contento   63
Palacio de hielo   64
Guisantes   65
Caja sorpresa   66
Puercoespín   67
Mancha   68
Flota o se hunde   69
Bola de nieve   70
Apretones   71
Columpio   72
Comiditas   73
Túnel   74
Arriba y abajo   75
Pajarito   76
¿Adónde ha ido?   77

De nueve a doce meses **79**
Grabación 80
Cascabeles 81
Luciérnaga 82
Deditos 83
Pelo, pies y nariz 84
Cuencos 85
Carrera de obstáculos 86
Soplidos 88
Tirar-empujar 89
Tobogán 90
Espaguetis 91
Esponjas 92
Juguetes adhesivos 93
Juego de magia 94
Viaje sensorial 95
Muecas 96
Flotador 98
Paseo a gatas 99
Torres 100
Cremalleras y corchetes 101

De doce a dieciocho meses **103**
Casita 104
Arte corporal 105
Carreras de coches 106
Cajas 107
Escalada 108
Cinco lobitos 109
Sígueme 110
De la cabeza a los pies 111
Malabares 112
Sonidos ocultos 113
Música, maestro 114
Papeles 115
Pompas de jabón 116
Pelotines 117
Banda de música 118

Cuerda sorpresa 119
Manos parlantes 120
Sonidos tubulares 121
Pasos escalonados 122
Gusanos de gelatina 123

De dieciocho a veinticuatro meses **125**
Animalitos 126
Baloncesto infantil 127
Tesoro oculto 128
Galletas 129
Corre que te pillo 130
Bebé bailón 131
Vestir a papá 132
Figuritas congeladas 133
Dedo fantasma 134
Selección de cereales 135
Arco iris confitado 136
Luz roja, luz verde 137
¿Igual o diferente? 138
Zapatería 139
Zapatos divertidos 140
Telaraña 141
Silueta de papel 142
Serpentina 143
Tócalo 144
Zoo sonoro 145

De veinticuatro a treinta meses **147**
La boca del payaso 149
Bailando 150
Desfile de carnaval 151
Cuento de trapo 152
Caras 153
Parejas 154
Música escondida 155
¿Puedo, mami? 156

Traje de papel   157   Juego de sombreros   173
La silla de la reina   158   Colada   174
Garabatos   159   ¿Qué suena?   175
Sonidos   160   Gafas mágicas   176
Pegatinas mágicas   161   Secuencias   177
Cuentacuentos   162   Cuadros con budín   178
Pruebas culinarias   163   A pares   179
Juego de bolos   164   Agua y arena   180
Canasta   165   Juego de cubiletes   181
Limpieza   166   Cuentos disparatados   182
¿Qué hay dentro?   167   Bolsas de olores   183
¿Qué está mal?   168   Salvamento   184
                                                   Búsqueda de pegatinas   185
De treinta a treinta y seis meses   **169**   Obra de teatro   186
Bolsa con sorpresas   170   Cuerda floja   187
Mimo   171   Juegos acuáticos   188
Excavación   172   ¿Qué ha pasado?   189

INTRODUCCIÓN

Bienvenidos al fascinante mundo de los juegos y la diversión infantil. El periodo más rápido de crecimiento y desarrollo personal tiene lugar durante los tres primeros años de vida, en los que los niños crecen:

- *físicamente:* practicando la motricidad fina y gruesa;
- *mentalmente:* desarrollando su inteligencia y su capacidad para resolver problemas;
- *verbalmente:* aprendiendo a comunicarse;
- *psicológicamente:* descubriendo su propia identidad;
- *socialmente:* aprendiendo a relacionarse con los demás;
- *emocionalmente:* aprendiendo a expresar sus emociones.

En ningún otro periodo, además del prenatal, evolucionan y aprenden los niños con tanta rapidez. Si les proporcionas un entorno estimulante, tú —como padre, profesor o cuidador— puedes ayudarles a desarrollar todo su potencial durante esta etapa crítica.

Ten en cuenta que:

1. Tu hijo aprende ante todo a través del juego.
2. El mejor juguete para él eres tú.
3. Es importante que juegues con él.

Puesto que eres el mejor juguete para tu bebé, tienes a mano la mayor parte del equipo: tu cara, tus manos y tu cuerpo. Lo único que necesitas son unas cuantas ideas, algunos materiales creativos y tiempo para disfrutar.

Este libro incluye 160 juegos y actividades muy interesantes que están basadas en las recomendaciones de una serie de expertos en desarrollo infantil. Tras muchas investigaciones en el campo del aprendizaje, los especialistas han encontrado una gran variedad de procedimientos para ayudar a los niños a desarrollar todo su potencial, que además les permitirán pasar un buen rato. Después de trabajar en este campo durante veinte años sé cuánto disfrutan los padres jugando con sus hijos, y que lo único que necesitan son ideas para poner en práctica.

En este libro encontrarás:

- Edades recomendadas para cada juego y actividad.
- Una lista de los materiales necesarios para cada juego y actividad.
- Instrucciones detalladas para cada juego y actividad.
- Variaciones para aumentar la diversión y fomentar el aprendizaje.
- Consejos de seguridad para evitar cualquier riesgo.
- Descripción de las capacidades que los niños desarrollan jugando.

A continuación se detallan una serie de puntos básicos que debes recordar cuando juegues con tu bebé:

- ***Los niños aprenden a través de los sentidos.*** Proporciona a tu hijo materiales estimulantes para que pueda mirar, escuchar, oler, saborear y tocar. Recuerda que el mejor juguete para estimular todos sus sentidos eres tú.
- ***Los niños responden ante un entorno rico en estímulos.*** Esto no significa que tengas que darle cientos de juguetes. Sin embargo, deberías seleccionar los más adecuados, dejarle elegir y procurar que tenga mucho tiempo para jugar. Cuanto más sencillo sea el juguete, más complejo y beneficioso será el juego.
- ***Los niños aprenden por imitación.*** A los bebés les gusta hacer lo que hacen los demás. Si tú juegas primero, tu hijo aprenderá de ti. Utiliza expresiones faciales y gestos para explicarle el juego o la actividad. Mejor aún, deja que el modelo a imitar sea un niño más mayor. A los bebés les encanta jugar con otros niños.
- ***Los niños aprenden jugando de distintas maneras.*** Los juegos les ayudan a comprender mejor sus sentimientos, sus miedos y su mundo. A los bebés les gusta jugar:

  — *solos*, para ir a su ritmo, resolver sus problemas y tomar sus propias decisiones.
  — *con otros*, para observar cómo juegan, aprender a explorar y relacionarse socialmente.
  — *tranquilamente*, con los dedos de los pies y las manos, cuentos, música, juguetes pequeños y el lenguaje.
  — *de forma activa*, moviendo las piernas y los brazos, bailando y saltando.
  — *a hacer simulaciones*, cuando se convierten en monstruos, animalitos, papás, mamás, superhéroes y personajes de dibujos animados. También simulan cuando actúan como si estuvieran en la guardería, en un hospital, en fiestas de cumpleaños e incluso en funerales.

- *Los niños aprenden por repetición.* A los bebés les encanta jugar una y otra vez a lo mismo. Comienza con una actividad sencilla y amena y aumenta el grado de dificultad a medida que tu hijo tenga más capacidad para procesar información, utilizar su cuerpo y relacionarse con los demás. Muy pronto su expresión favorita será «Otra vez».

- *Los niños aprenden a través de la experiencia.* Aunque comienzan a jugar y aprender observando a otros, al cabo de un tiempo necesitan pasar a la acción. Aprovecha cualquier oportunidad para que tu hijo se relacione con su entorno a través del juego. Deja que lo intente y ayúdale sólo cuando sea necesario.

- *Los niños desarrollan su inteligencia resolviendo problemas.* Plantéale tareas sencillas para que las resuelva y vete aumentando el grado de dificultad a medida que crezca. Los retos deben ser a la vez fáciles, para que no se sienta frustrado y deje de intentarlo, y estimulantes, para que se entretenga y no pierda el interés. Ayúdale a obtener pequeños éxitos mostrándole las soluciones.

- *Los niños aprenden a través del lenguaje.* Habla a tu hijo cuando juegues con él y explícale qué estás haciendo y por qué. Los bebés suelen comprender más de lo que nos imaginamos, y explicar las reglas o el objetivo de un juego o actividad es un buen hábito. A los bebés les gustan los juegos de palabras, y conviene hablarles con frecuencia.

- *Los niños van a su ritmo.* No obligues a tu hijo a jugar con prisas ni le agobies con demasiadas opciones. Y no intentes forzarle a hacer cosas demasiado complejas si no está preparado. Observa cómo juega para adaptarte a su ritmo y plantéale nuevos retos en el momento oportuno.

- *Los niños son competentes cuando tienen confianza en sí mismos.* Dale a tu hijo mucho ánimo y prepárale para que pueda tener éxito. Ayúdale a descubrir nuevas maneras de jugar, resolver problemas, aprender y pasárselo bien.

Ante todo, lo que tu hijo quiere es jugar contigo. Lo que aprenda jugando es tan sólo un beneficio añadido. Así pues, pasa la página y deja que comience la diversión. ¡Es hora de jugar!

LOS TRES PRIMEROS MESES

Antes los expertos decían que los recién nacidos no podían ver, oír ni pensar. Pero una serie de estudios ha demostrado que los bebés ven, oyen e incluso aprenden mucho antes de nacer; el periodo más rápido de desarrollo tiene lugar en el útero materno.

Los tres primeros meses de vida constituyen el segundo periodo más rápido de crecimiento. En cuanto nace un bebé se pone en marcha un intenso proceso de aprendizaje en todos los aspectos del desarrollo: cognitivo o intelectual, físico, psicológico, emocional y social. Para aprovechar al máximo este importante periodo, comienza a potenciar todos estos aspectos desde que nazca tu hijo.

Los niños empiezan a desarrollar su inteligencia de forma inmediata, en cuanto intentan comprender el sentido del mundo que les rodea. Aunque por lo general tardan un año en decir su primera palabra, para cuando lo hacen tienen ya un vocabulario de cincuenta palabras. La rueda no cesa de girar a medida que perfeccionan sus capacidades mentales. Antes de que te des cuenta tu hijo será capaz de resolver sus propios problemas, plantear preguntas imposibles y aprenderá cómo conseguir lo que quiera. En esta sección se incluye una gran variedad de juegos para que juegues con tu bebé y potencies su desarrollo intelectual.

Cuando tu hijo comience a crecer físicamente observarás cambios en el control de la motricidad, desde los primeros intentos de coordinación óculo-manual (con manotadas al aire) hasta su capacidad para andar, correr, trepar e incluso esquiar. Estos pequeños pasos son casi inapreciables, pero podrás hacer prácticas con tu bebé para favorecerlos con los juegos de esta sección.

Por otro lado irás observando progresos en sus capacidades psicológicas y sociales, desde el primer contacto ocular hasta la capacidad para expresar sus emociones, establecer nuevas relaciones sociales y descubrir su identidad. El juego le permitirá desarrollar estas capacidades personales y le ayudará a convertirse en una persona equilibrada psicológica, social y emocionalmente.

¿A qué estás esperando? Aprovecha todas las oportunidades que te ofrecen estos tres primeros meses para que tu hijo crezca lo mejor posible.

¡HA DESAPARECIDO!

Puesto que todo es nuevo para tu bebé, pasará la mayor parte del tiempo explorando su entorno. Ayúdale a descubrirlo con este juego.

Materiales:
- Juguetes blandos de colores
- Una caja o un cubo
- Una manta, una toalla o un trozo de tela

Aprendizaje:	• Anticipación de situaciones • Capacidad mental-cognitiva • Permanencia y estabilidad de los objetos

Instrucciones:
1. Busca varios juguetes blandos de colores y ponlos en una caja o en un cubo de forma que no se vean.
2. Coloca a tu hijo en su sillita y siéntate enfrente de él.
3. Saca un juguete de la caja y enséñaselo. Mantenlo cerca de tu cara y habla a tu hijo para atraer su atención.
4. Mientras esté mirando el juguete tápalo con un trozo de tela.
5. Entonces di: «¡Ha desaparecido!».
6. Espera unos segundos, destapa el juguete y anuncia con tono animado: «¡Aquí está!».
7. Repite el juego con el resto de los juguetes.

Variación: Después de esconder el juguete bajo la tela varias veces, ponlo fuera de su vista. Observa la reacción de tu hijo mientras intenta imaginar qué ha pasado; luego vuelve a enseñárselo. Escóndelo en diferentes lugares para mantenerle intrigado.

Seguridad: Si tu hijo se enfada cuando desaparezca el juguete, escóndelo despacio para que vea lo que estás haciendo. No lo dejes tapado mucho tiempo.

PELOTA RODANTE

Todo el mundo necesita hacer ejercicio, incluso los recién nacidos. Este divertido juego es excelente para activar la circulación, tonificar los músculos, aumentar la flexibilidad y aprender a controlar los movimientos corporales.

Materiales:

- Una pelota grande, de unos 70 cm de diámetro (se venden en jugueterías, tiendas de deportes y tiendas de materiales didácticos)
- Una alfombra grande o una zona enmoquetada

Aprendizaje:	• Flexibilidad y control motriz • Relaciones espaciales • Confianza

Instrucciones:

1. Ponle a tu hijo sólo un pañal para que su cuerpo se adhiera a la superficie de la pelota y no resbale.
2. Coloca la pelota en el centro de la alfombra o la moqueta.
3. Siéntate en el suelo frente a la pelota y pon a tu hijo al otro lado, enfrente de ti. Sujétale los brazos para que se mantenga en equilibrio.
4. Pon al niño sobre la pelota haciéndole rodar, y sujetándole con cuidado para que no se resbale ni se caiga.
5. Hazle rodar sobre la pelota hacia delante y hacia atrás y de un lado a otro.
6. Haz experimentos con la pelota y prueba diferentes ejercicios.

Variación: Desinfla un poco la pelota. Si no tienes una pelota puedes utilizar un cojín.

Seguridad: Sujeta bien a tu hijo en todo momento para que no se caiga. Y mueve despacio la pelota para que confíe en ti.

MASAJE

Los niños comienzan a desarrollar el sentido del tacto en cuanto nacen. La primera bienvenida que reciben es el contacto de las manos que les sujetan. Dale a tu hijo un masaje para que pueda disfrutar del placer reconfortante de tus caricias.

Materiales:
- Una manta o una toalla
- Loción infantil

Aprendizaje:	• Conocimiento del cuerpo • Desarrollo del sentido del tacto • Interacción social

Instrucciones:
1. Extiende la manta o la toalla sobre una alfombra suave.
2. Pon a tu hijo desnudo sobre la manta, boca abajo.
3. Échate un poco de aceite infantil en las manos y frótatelas para calentarlo.
4. Dale un masaje suave por el cuello, los hombros, los brazos y las manos; continúa por la espalda y el culito y baja por las piernas hasta los pies. Los movimientos deben ser firmes pero suaves.
5. Pon al niño boca arriba y repite la operación con un poco más de aceite.

Variación: Dale a tu hijo un masaje en las manos o en los pies cuando le bañes, le amamantes o le tengas en brazos; no es necesario que uses aceite.

Seguridad: Procura dar el masaje con suavidad para que no se le irrite la piel. Asegúrate de que tu hijo no es alérgico a la loción o el aceite que utilices. Evita la zona de la cara para que el aceite no le entre en los ojos.

BAÑO DE ESPUMA

Aunque a algunos bebés no les gusta el agua, para la mayoría la hora del baño es todo un placer. En cualquier caso, con un poco de espuma puedes hacer que el baño resulte mucho más divertido.

Materiales:
- Una toallita suave
- Una bañera de plástico
- Jabón líquido infantil
- Una toalla

Aprendizaje:	• Conocimiento del cuerpo
	• Desarrollo del lenguaje
	• Capacidad de atención
	• Estimulación sensorial

Instrucciones:
1. Pon la toallita en el fondo de la bañera de plástico para evitar que el niño resbale.
2. Llena la bañera con agua templada y añade un poco de jabón líquido.
3. Mete a tu hijo en la bañera, sujetándole bien en todo momento para que confíe en ti.
4. Siéntale para que pueda chapotear y jugar con la espuma sin ningún riesgo.
5. Lávale mientras cantas:

Así es como nos lavamos la cara,
lavamos la cara, lavamos la cara.
Así es como nos lavamos la cara
(nombre del bebé) y mami.

Repite la canción nombrando las distintas zonas del cuerpo: el cuello, el pecho, la espalda, los brazos, las piernas, los dedos...

Variación: Métete con tu hijo en la bañera grande y báñate con él. Pon dentro algunos juguetes de plástico o utiliza una esponja con la forma de un animal.

Seguridad: Sigue estas dos reglas para que tu hijo disfrute con el baño:
- Preocúpate de que se sienta seguro en todo momento: no dejes que resbale o se meta bajo el agua.
- El agua debe estar siempre tibia: ni demasiado fría ni demasiado caliente.

ABEJITA

Los niños comienzan a desarrollar los sentidos desde que nacen. Con este juego tu hijo aprenderá a localizar los sonidos, y en consecuencia controlará mejor la cabeza y los movimientos de su cuerpo.

Materiales:
- Una manta suave
- Tu boca
- Tu dedo

Aprendizaje:	• Control de la cabeza y el cuello • Localización de sonido y tacto • Control motriz • Interacción social

Instrucciones:
1. Pon a tu hijo sobre la manta boca arriba.
2. Siéntate cerca de él para que te pueda oír con claridad.
3. Imita el zumbido de una abeja mientras mueves el dedo por encima de su cuerpo.
4. Al cabo de unos segundos tócale con el dedo y di: «Una abejita».
5. Repite el juego aterrizando en distintas zonas de su cuerpo.

Variación: Sigue con la cabeza el movimiento del dedo para que tu hijo pueda localizar el sonido. Altera el tono del zumbido para mantener su interés. Pon al niño boca abajo y juega de nuevo. Esta vez no verá cómo se mueve el dedo y tendrá que esperar a que la abejita aterrice.

Seguridad: Toca a tu hijo con suavidad y procura que el sonido no sea muy alto. Si se asusta hazlo más despacio.

"BUZZZZ"

GUIÑOS

La cara es un buen lugar para comenzar a enseñar a tu hijo las partes del cuerpo. Con este divertido juego aprenderá a distinguir la nariz de la boca y de los ojos y sabrá para qué sirven.

Materiales:
- La cara de tu hijo
- Tu dedo

Aprendizaje:	• Reconocimiento de los rasgos faciales • Placer sensorial • Interacción social • Conocimiento de las partes del cuerpo

Instrucciones:
1. Sienta al niño en tu regazo enfrente de ti.
2. Recita o canta la siguiente canción mientras tocas las distintas partes de su cuerpo:

El ojo hace guiños (tócale un párpado).
El párpado parpadea (tócale el otro párpado).
La nariz huele (tócale la punta de la nariz).
La boca come (tócale el labio inferior).
La barbilla trocea (bájale un poco la barbilla).
El cuello traga (pásale el dedo por el cuello).
Y la tripita tiene cosquillas (baja hasta el estómago y hazle cosquillas con cuidado).

3. Repite el juego varias veces.

Variación: Después de cantar la canción de los ojos unas cuantas veces prueba con la de la barbilla:

Llamo a la puerta (da unos golpecitos suaves en la frente de tu hijo)
Miro por la mirilla (levántale un poco un párpado)
Abro la cerradura (levántale la nariz hacia arriba)
Y entro dentro (baja hasta la boca y ponle dos dedos en el labio inferior)
Barbilla, barbilla, barbilla (abre y cierra la mandíbula de tu hijo con cuidado)

Seguridad: Tócale con suavidad para que el juego no le resulte desagradable.

CARA CON DEDOS

Desde que nacen, los niños sienten una fascinación especial por la cara de sus padres. Los ojos, la nariz y la boca tienen algo que atrae su atención. Este juego está basado en esa fascinación.

Materiales:
- Un guante de punto
- Unas tijeras
- Tu mano
- Rotuladores de colores

Aprendizaje:	• Capacidad de concentración • Reconocimiento de caras • Interacción social

Instrucciones:
1. Corta los dedos del guante.
2. Dibuja una cara en la palma del guante con los rotuladores. Los ojos y la boca deben ser grandes y de colores vivos.
3. Ponte el guante en la mano.
4. Sienta al niño en tu regazo y gira el guante hacia él.
5. Ahora mueve los dedos y la cara de un lado a otro para que tu hijo pueda disfrutar con su nuevo amigo, que te ayudará a cantar canciones, contar cuentos o simplemente charlar.

Variación: Haz una cara con dedos tridimensional. Cose o pega unos ojos movibles en el guante, coloca una boca de fieltro rojo y añade un pompón en el centro a modo de nariz.

Seguridad: Si a tu hijo le gusta la cara con dedos es probable que quiera llevársela a la boca. Así pues, asegúrate de que los ojos, la boca y la nariz estén bien sujetos.

PIECECITOS

Los bebés intentan controlar los brazos y las piernas desde que nacen, pero tienen problemas con los reflejos y la falta de coordinación. Este juego es excelente para desarrollar el control de la motricidad.

Materiales:
- Botitas de colores
- Cascabeles, sonajeros o juguetes pequeños de colorines
- Hilo y aguja
- Una manta suave
- Los pies de tu hijo

Aprendizaje:	• Coordinación óculo-manual y óculo-pedal • Control motriz • Resolución de problemas • Seguimiento visual

Instrucciones:
1. Compra unas botitas de un color vistoso (rojo, azul o amarillo) o de varios colores.
2. Cose los cascabeles, los sonajeros o unos juguetes pequeños y blandos en la parte superior de las botitas.
3. Tumba a tu hijo sobre la manta y ponle las botitas en los pies.
4. Observa cómo disfruta con sus nuevos juguetes sonoros.

Variación: Cose unos cascabeles o unos juguetes pequeños a unas manoplas y pónselas a tu hijo en las manos.

Seguridad: Asegúrate de que todos los objetos estén bien sujetos a las botitas y las manoplas y comprueba con regularidad si se han aflojado. No utilices objetos afilados con los que el niño se pueda hacer daño si se los lleva a la boca. No le pierdas de vista en ningún momento.

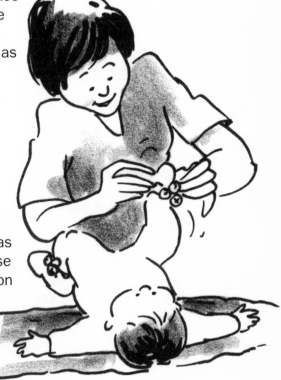

TE PILLÉ

A tu hijo le gustan las sorpresas, siempre que sean divertidas y no le asusten.
Comienza con este juego tradicional que tiene un atractivo singular: el guante animado.

Materiales:

- Un guante de jardinería suave
- Animales pequeños de juguete del mismo tamaño que el guante
- Hilo y aguja
- Una manta suave o una sillita

Aprendizaje:	• Anticipación de situaciones • Expresión emocional • Interacción social • Confianza

Instrucciones:

1. Cose un juguete pequeño y blando en la parte superior del guante de forma que quede en el dorso de la mano cuando te lo pongas.
2. Coloca al niño boca arriba sobre una manta o en su sillita.
3. Ponte el guante animado.
4. Mueve el guante para que tu hijo pueda ver el animal que hay en la parte de arriba.

«TE PILLÉ»

5. Haz sonidos de animales mientras mueves el guante para atraer su atención.
6. Pon la mano de repente en la tripita, la pierna o el brazo de tu hijo y di «Te pillé» con una gran sonrisa.
7. Hazle cosquillas o unas caricias en esa parte del cuerpo y vuelve a jugar de nuevo.

Variación: Haz dos guantes, uno para cada mano. Cose una tira de velcro en cada guante y en varios animales de juguete. De ese modo podrás cambiar de animal de vez en cuando para que el juego siga teniendo interés.

Seguridad: Si tu hijo se asusta, mueve la mano más despacio y habla en voz baja. Y no dejes de sonreír.

PALMADAS

Desarrollar la coordinación óculo-manual lleva tiempo, pero si observas con atención a tu hijo verás que intenta controlar sus manitas. Los juegos de manos le ayudarán a mejorar su capacidad motriz.

Materiales:
- Una manta suave o una sillita
- Juegos de manos, canciones y rimas
- Tus manos y las de tu bebé

Aprendizaje:	• Coordinación óculo-manual • Control motriz • Interacción social

Instrucciones:
1. Pon al niño sobre su manta o sillita y siéntate cerca de él para que pueda verte.
2. Canta rimas y canciones mientras juegas con las manos y los dedos de tu hijo. Puedes probar con uno de estos juegos:

Amasa un pastel

Amasa un pastel, pastelero (da unas palmadas con las manos de tu hijo),
hazme el pastel que yo quiero (da más palmadas);
enróllalo (enrolla sus manos), amásalo (acaricia sus manos),
traza una B (dibuja una B en su mano)
y ponlo en el horno para mi bebé (dale una palmadita en el estómago).

Si estás contento

Si estás contento aplaude con las manos (palmadas).
Si estás contento aplaude con las manos (palmadas).
Si estás contento y lo sabes tus manos lo sabrán.
Si estás contento aplaude con las manos (palmadas).

¡Huy!

(Extiende la mano de tu hijo con los dedos abiertos.) Juan (tócale la punta del dedo meñique), Juan (toca la punta del siguiente), Juan (toca la punta del siguiente), Juan (toca la punta del siguiente), ¡huy! ¡Juan! (desliza tu dedo entre el índice y el pulgar y repite el juego hacia atrás), Juan. ¡Huy! Juan, Juan, Juan.

Variación: Haz estos juegos con los pies. Usa su nombre cuando te parezca.

Seguridad: Sujeta y mueve las manos de tu hijo con cuidado mientras juegas con él.

PIES CONTENTOS

Uno de los juguetes preferidos de tu hijo son sus pies, porque se mueven, son blanditos y siempre están a mano. Y le gusta que se los toquen. Con este divertido juego podrás tocárselos siguiendo el ritmo de una canción.

Materiales:
- Una manta suave
- Canciones y rimas
- Tus dedos y los dedos de los pies de tu bebé

Aprendizaje:	• Conocimiento del cuerpo • Placer sensorial • Desarrollo del lenguaje • Control motriz • Interacción social

Instrucciones:
1. Elige una canción bonita con la que puedas jugar con los pies de tu hijo.
2. Túmbale sobre la manta y ponte de rodillas a su lado.
3. Comienza con uno de estos juegos de pies:

Los cerditos
Éste compró un huevito (mueve el dedo pequeño),
éste lo puso a asar (mueve el segundo dedo),
éste le echó la sal (mueve el tercer dedo),
éste probó un poquito (mueve el cuarto dedo),
y el más gordito se lo comió todito todito (simula que le comes el dedo gordo).

Caballito veloz
Caballito veloz (da unos golpecitos en las plantas de los pies de tu hijo),
mira mis pies (sujétale los pies y muévelos),
comienza a correr (hazle cosquillas en los dedos),
sin darme una coz (vuelve a darle unos golpecitos en las plantas de los pies).

Variación: Haz estos juegos usando las manos en lugar de los pies.

Seguridad: No le hagas muchas cosquillas a tu hijo. Como sabrás por propia experiencia, en exceso resultan desagradables.

ESPEJO MÁGICO

Al principio tu bebé sentirá curiosidad por ese desconocido que aparece frente a él, pero con el tiempo le encantará verse en ese fascinante objeto llamado espejo.

Materiales:
- Un espejo de cuerpo entero, portátil si es posible
- Accesorios: sombreros, telas, muñecos

Aprendizaje:	• Desarrollo de la autoestima • Conocimiento de las partes del cuerpo • Reconocimiento de la propia imagen • Comprensión del entorno

Instrucciones:
1. Coloca un espejo de cuerpo entero contra una pared.
2. Sienta al niño en tu regazo cerca del espejo.
3. Deja que toque el espejo y lo examine.
4. Enséñale a mover las manos, hacer gestos y girar la cabeza delante del espejo.
5. Juega con los accesorios: ponle un sombrero, cúbrele la cabeza con una tela o dale un muñeco.
6. Termina el juego señalándole en el espejo todas las partes de su cuerpo.

Variación: Coloca un espejo en el suelo sobre una manta suave y pon encima a tu hijo. Observa cómo disfruta viéndose mientras levanta la cabeza, las manos y las piernas. Asómate un poco para que también pueda verte a ti.

Seguridad: Asegúrate de que el espejo está bien sujeto a la pared para que no pueda caer encima del niño. Si es posible utiliza un espejo irrompible.

MÚSICA VOCAL

¿Sabías que con tu boca puedes hacer música? A tu hijo le gusta oír diferentes sonidos, y la boca es el instrumento perfecto para interpretar una sinfonía.

Materiales:
- Tu boca, tu lengua, tus dientes y tus labios

Aprendizaje:	• Discriminación de sonidos • Reproducción de sonidos y desarrollo del lenguaje • Localización de sonidos

Instrucciones:
1. Sienta al niño en tu regazo de modo que pueda ver tu cara con claridad.
2. Comienza a hacer sonidos con la boca:
   - Da besos sonoros
   - Chasquea la lengua
   - Haz pedorretas
   - Vibra los labios como una motora
   - Gruñe, chilla, gorjea y haz gorgoritos
   - Silba, canta y tararea
   - Haz sonidos de animales, por ejemplo el de un pato, un perro, un gato, un caballo, una vaca, un cerdo, una gallina, un gallo, un mono, una serpiente, un pájaro, un burro o un lobo

Variación: Acompaña la música vocal con una turuta, una armónica, una bocina, un megáfono casero (un rollo de papel higiénico) o una brizna de hierba entre dos dedos.

Seguridad: Si empleas algún instrumento asegúrate de que no sea peligroso para tu bebé. No hagas ruidos demasiado fuertes que puedan dañar su oído. Si le molesta un sonido no lo repitas.

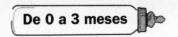
MOMENTOS MUSICALES

Aunque los bebés pueden oír ya en el útero materno, los sonidos les llegan amortiguados y distantes. Y cuando nacen sienten por ellos una curiosidad especial. Con este juego podrás ayudar a tu hijo a desarrollar su capacidad auditiva.

Materiales:
- Un magnetófono portátil y cintas vírgenes
- Sonidos variados
- Una manta suave o una sillita

Aprendizaje:	• Discriminación de sonidos
	• Identificación de sonidos
	• Localización de sonidos

Instrucciones:
1. Utiliza un magnetófono portátil para grabar distintos sonidos unos cuantos minutos. Incluye sonidos familiares, por ejemplo el ladrido de un perro, los ruidos que hace papá al llegar a casa, el timbre, el teléfono, el móvil musical de la cuna y otros juguetes sonoros. También puedes incluir algunos sonidos extraños, como estribillos de anuncios, voces de animales, música y ruidos vocales.
2. Pon al niño sobre una manta suave o en su sillita. Procura que no haya ningún otro ruido.
3. Enciende el magnetófono para que tu bebé oiga la grabación.
4. Observa cómo reacciona al oír cada uno de los sonidos e identifícalos utilizando palabras sencillas.

Variación: Graba voces. Comienza con la tuya, cantando una nana o una canción, y añade otras voces familiares: la de su padre, sus hermanos y algunos parientes y amigos. Incluye alguna voz desconocida o altera la tuya de vez en cuando para que haya variedad.

Seguridad: Si ves que tu hijo se asusta baja el volumen y tranquilízale haciendo los sonidos con la boca.

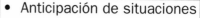

CUCÚ

Con este sencillo juego tu hijo puede aprender muchas cosas, como el concepto de la permanencia de un objeto cuando tú desaparezcas y vuelvas a aparecer.

Materiales:

- Tu cara
- Un pañuelo, una toallita o un trozo de tela

Aprendizaje:	• Anticipación de situaciones
	• Causa y efecto
	• Capacidad mental-cognitiva
	• Expresión emocional
	• Permanencia de los objetos
	• Interacción social

Instrucciones:

1. Sienta al niño en tu regazo enfrente de ti.
2. Háblale, sonríe o haz gestos para atraer su atención.
3. Cuando te esté mirando tápate la cabeza y la cara con el pañuelo de modo que no pueda verte.
4. Al cabo de unos segundos retira el pañuelo y di «Cucú» con una gran sonrisa.
5. Repítelo varias veces.

Variación: Tapa la cara del niño en lugar de la tuya. Al cabo de unos segundos retira el pañuelo y di «Cucú», o deja que se lo quite él. Si lo prefieres puedes usar un muñeco para disfrutar juntos con el juego. Cuando hijo crezca un poco juega delante de un espejo para que vea varias caras.

«cucú»

Seguridad: Utiliza un pañuelo fino para que el niño no se asuste y no tenga problemas para respirar. No le dejes con la cara tapada mucho tiempo. Repite el juego una y otra vez, y no introduzcas variaciones hasta que comprenda las reglas básicas, para no confundirle.

ESTRELLAS FUGACES

Durante los primeros meses tu hijo pasará la mayor parte del tiempo observando el mundo que le rodea y disfrutando con las luces, los movimientos y los colores. Éste es el momento perfecto para introducir el apasionante juego de las Estrellas Fugaces.

Materiales:
- Una manta suave
- Pompones de colores de diferentes tamaños
- Una silla

Aprendizaje:	• Anticipación de situaciones
	• Coordinación óculo-manual
	• Interacción social
	• Seguimiento y agudeza visual

Instrucciones:
1. Pon al niño boca arriba sobre una manta suave.
2. Siéntate en una silla a su lado de modo que puedas inclinarte sobre él.
3. Sujeta un pompón grande sobre su abdomen y háblale para atraer su atención.
4. Cuando te esté mirando di «Una estrella fugaz» y deja caer el pompón en su tripita.
5. Esboza una gran sonrisa para que sepa que te estás divirtiendo.
6. Repite el juego con un pompón más pequeño.

Variación: En lugar de pompones puedes utilizar objetos de colores a modo de estrellas fugaces: una esponja seca, plumas, bolas de papel, trocitos de tela o juguetes blandos.

Seguridad: Asegúrate de que todos los objetos sean blandos y pesen poco para que tu bebé no sufra ningún daño. Si ves que se asusta no dejes caer el objeto. Muévelos siempre despacio sobre su abdomen, nunca sobre la cara. No dejes de sonreír mientras juegues para que aprenda a divertirse.

PEGATINAS FACIALES

Los niños nacen con una gran capacidad visual. Desde que llegan al mundo miran todo lo que hay a su alrededor, y hacia los tres meses les encantan los colores vivos, los contrastes fuertes y las sorpresas visuales.

Materiales:
- Tu cara
- Pegatinas o círculos de colores brillantes

Aprendizaje:	<ul><li>Coordinación óculo-manual</li><li>Capacidad de concentración</li><li>Localización visual de objetos</li></ul>

Instrucciones:

1. Siéntate en una silla cómoda con las rodillas dobladas. Pon al niño en tu regazo enfrente de ti y sujétale la cabeza y el cuerpo con las rodillas.
2. Deja que te mire la cara durante un rato mientras le hablas y haces gestos divertidos.
3. Ponte una pegatina en una mejilla, en la frente, en la barbilla o en la nariz y observa su reacción.
4. Al cabo de un rato ponte la pegatina en otra zona de la cara y observa cómo la localiza.
5. Después ponte una pegatina en la lengua, saca la lengua y enséñasela. (No te la tragues accidentalmente.)
6. Ponte unas pegatinas pequeñas en los párpados y cierra los ojos para que pueda verlas.
7. Por último, ponte unas pegatinas en las mejillas, tápatelas con las manos y juega al «cucú».

Variación: Pon unas pegatinas en ambos lados de las manos de tu hijo y observa cómo reacciona al descubrirlas. Comprueba si intenta unirlas juntando las manos. Ése es el primer paso del autoconocimiento.

Seguridad: Asegúrate de que tu hijo no se lleva las pegatinas a la boca para que no se las trague.

BEBÉ RODANTE

Tu hijo tardará un tiempo en controlar bien los movimientos de su cuerpo, pero las primeras semanas puedes ayudarle con este juego. Para cuando tenga unos seis meses dominará el arte de darse la vuelta.

Materiales:
- Una toalla o una manta suave
- Una superficie blanda

Aprendizaje:	• Orientación espacial
	• Locomoción
	• Control motriz

Instrucciones:
1. Pon una toalla o una manta suave sobre una superficie blanda.
2. Tumba al niño boca arriba sobre la manta.
3. Coge la manta por un extremo y levántala despacio para que tu hijo se incline hacia un lado.
4. Sigue haciéndole rodar, hablándole todo el tiempo, y utiliza una mano para ayudarle a orientarse cuando vaya de un lado a otro.
5. Cuando se dé la vuelta muéstrale tu satisfacción.
6. Continúa hasta que se canse de jugar.

Variación: Utiliza las manos en lugar de una manta o una toalla. Intenta poner un brazo por debajo de su cuerpo para darle la vuelta con más facilidad.

Seguridad: Muévele despacio y sujétale bien en todo momento para que no gire demasiado rápido y se haga daño.

BARRIGUITA PARLANTE

Los niños comienzan a desarrollar su capacidad verbal mucho antes de pronunciar la primera palabra. Además de hablar a tu hijo, puedes poner en práctica este juego en el que el lenguaje se convierte en una experiencia sensorial.

Materiales:
- Tu boca
- Una manta suave

Aprendizaje:	• Conocimiento del cuerpo • Desarrollo del lenguaje • Estimulación sensomotriz • Interacción social

Instrucciones:
1. Desnuda a tu hijo (puedes dejarle el pañal) y ponle boca arriba sobre una manta.
2. Arrodíllate junto a él, charla un rato y acaríciale la tripita.
3. Apoya la cara y los labios en el abdomen del niño y habla, canta, recita una poesía o invéntate palabras divertidas. Altera el tono y el volumen de tu voz mientras hables.
4. Dale unos cuantos besos cada vez que termines de decirle algo.
5. Incorpórate y sonríe después de cada párrafo. Tu hijo debería reírse y esperar con entusiasmo el siguiente.

Variación: En lugar de hablar haz sonidos con la boca en la tripita de tu hijo, por ejemplo chasquidos, pedorretas, zumbidos, soplidos o cosquillas.

Seguridad: No hables muy alto para no asustarle. Si le dejas completamente desnudo para realizar este juego ten un pañal a mano por si acaso hubiera un «escape» repentino.

GUSANITO

Cuando los niños apoyan los pies en una superficie sólida y estiran las piernas, ponen en práctica el reflejo que les permite aprender a andar. Utiliza este reflejo para enseñar a tu hijo a gatear.

Materiales:
- Una superficie blanda que no resbale
- Un juguete de colores vivos

Aprendizaje:	• Causa y efecto • Control motriz • Ejercicio de pregateo

Instrucciones:
1. Tumba al niño boca abajo en una superficie blanda.
2. Pon un juguete de colores cerca de su cabeza y haz que se fije en él.
3. Siéntate detrás de tu hijo y apoya las piernas o las manos contra sus pies. De este modo empujará en sentido contrario y con el impulso avanzará hacia el juguete.
4. Continúa moviendo el juguete y haciendo presión contra sus pies hasta que avance unos centímetros.

Variación: Pon una tabla u otro objeto sólido contra los pies del niño.

Seguridad: Ten cuidado para no moverle muy rápido. Procura que no se acerque demasiado al juguete para que no se dé un golpe en la cabeza.

33

DE TRES A SEIS MESES

En este periodo los niños aprenden a través de los cinco sentidos. Al nacer, los sentidos dominantes son el oído y el olfato. Pueden reconocer la voz de su madre, y poco después la de su padre. También son capaces de distinguir algunos sonidos familiares, como el ruido de las llaves, el ladrido de un perro y el timbre de la puerta. Reconocen a su madre por el olor, y en muchos casos se niegan a tomar el biberón si no se lo da alguien que huela como ella.

El sentido del tacto también evoluciona con rapidez. Desde el principio a los niños les gusta que les cojan en brazos y les den masajes, y gracias al contacto físico hacen grandes progresos en todos los aspectos del desarrollo.

Afortunadamente, los bebés olvidan pronto el dolor, así que si pinchas a tu hijo sin querer con un imperdible te perdonará enseguida.

La vista y el gusto son dos de los sentidos que tardan más en desarrollarse. Al nacer los niños tienen una visión de 20/200, pero con un año su agudeza visual es ya de 20/20. Se fijan en todo lo que les rodea, pero lo que más les atrae son las caras, sobre todo las de los bebés. En cuanto nacen pueden seguir un dedo con la vista a unos veinte centímetros, y hacia los tres meses ven cosas situadas a mayor distancia.

En esta fase tu hijo se llevará a la boca todo lo que pille y aprenderá a explorar las cosas con la lengua y los labios. Utilizando simplemente su boca sabrá si un objeto es grande o pequeño, duro o blando, frío o caliente. Pero no estára preparado para probar alimentos sólidos hasta el final de este periodo, cuando tenga unos seis meses.

Ayuda a tu bebé a desarrollar todos sus sentidos con los juegos de esta sección.

CANCIÓN PERSONALIZADA

Puedes cantar esta canción a cualquier hora del día, o en mitad de la noche, cuando tu hijo se despierte y necesite ayuda para dormirse de nuevo. No te preocupes; no hace falta que tengas un talento especial para realizar esta actividad.

Materiales:
- Tu voz
- Un repertorio de canciones infantiles

Aprendizaje:	• Desarrollo del lenguaje • Capacidad auditiva • Interacción social

Instrucciones:

1. Asegúrate de que el niño esté cómodo y te oiga bien; puede estar tumbado en el suelo o sentado en tu regazo o en su sillita, pero en cualquier caso debe estar frente a ti para verte la cara.
2. Elige una canción que te guste y canta la melodía adaptando la letra. Por ejemplo, en vez de cantar «Duérmete niño» sustituye la palabra «niño» por el nombre de tu hijo.
3. Incluye su nombre en todas las canciones siempre que sea posible.

Variación: Incluye información sobre tu familia, los juguetes de tu bebé y los animales que conozca para mantenerle entretenido e ir ampliando su vocabulario.

Seguridad: Procura no desafinar para que aprenda a apreciar la música. (Es una broma.)

LIBRO DE CANCIONES

EL AUTOBÚS

Ha llegado el momento de hacer un poco de ejercicio con la canción del autobús para que tu hijo se mantenga en forma. Nunca es demasiado pronto para empezar.

Materiales:
- Una manta suave o una toalla colocada sobre una superficie blanda
- Tu voz

Aprendizaje:	• Desarrollo del lenguaje • Control motriz • Ejercicio físico

Instrucciones:
1. Pon al niño boca arriba sobre una manta o una toalla.
2. Quítale la ropa; puedes dejarle el pañal.
3. Canta esta canción moviendo cada una de las partes del cuerpo en el momento oportuno.

El autobús

(Pedalea con las piernas de tu hijo mientras cantas los cuatro primeros versos.)
Las ruedas del autobús dan vueltas y vueltas,
dan vueltas y más vueltas,
las ruedas del autobús dan vueltas y vueltas,
por toda la ciudad.
La gente sube y baja del autobús
(muévele los brazos hacia arriba y hacia abajo),
el parabrisas va de aquí para allá
(hazle rodar de un lado a otro)
y la bocina hace pi, pi, pi
(tócale la punta de la nariz).

Variación: Añade más estrofas a la canción para incluir otras partes del cuerpo.

Seguridad: Mueve a tu hijo con cuidado.

PASEO EN BARCO

Este juego lo puedes poner en práctica cuando tu hijo tenga más fuerza y comience a moverse más. Dale un paseo en barco por toda la casa para que pueda descubrir un nuevo mundo.

Materiales:

- Dos mantas pequeñas o dos toallas grandes
- Una zona alfombrada sin obstáculos

Aprendizaje:	• Equilibrio
	• Exploración
	• Estimulación visual

Instrucciones:

1. Extiende las mantas o las toallas en el suelo, una sobre otra, para que la superficie resulte más blanda.
2. Pon a tu hijo boca arriba sobre las mantas.
3. Coge las mantas por un extremo y arrastra al niño despacio por la habitación.
4. Háblale de las cosas que vaya viendo mientras le llevas de un lado a otro.

Variación: Coloca al niño boca abajo para que tenga una perspectiva diferente. Ponle un cojín pequeño debajo del pecho para que esté más cómodo y lo vea todo mejor.

Seguridad: Si le tumbas boca arriba ponle un cojín debajo de la cabeza. Mueve las mantas muy despacio y ten cuidado con los desniveles y los objetos peligrosos que haya a su alrededor.

A VOLAR

Cuando tu hijo desarrolle su percepción visual querrá ver mejor su entorno. Cógele en brazos para que lo vea todo desde lo alto y cántale una canción mientras vuela como un pájaro.

Materiales:
- Tus manos seguras y fuertes
- Cosas interesantes que pueda haber dentro o fuera de casa

Aprendizaje:	• Equilibrio • Control de la cabeza y el cuerpo • Seguimiento y percepción visual

Instrucciones:
1. Sujeta al niño con un brazo como si fuera un balón de rugby o con las dos manos como si fuera una fuente.
2. Muévelo hacia arriba y hacia abajo, hazlo girar y deja que vea el mundo desde las alturas. Cántale esta u otra canción mientras navega por los aires.

Quisiera ser tan alta como la luna,
ay, ay,
como la luna, como la luna.

Variación: Canta cualquier canción que resulte adecuada para mover el cuerpo (*El rock de la ovejita*, *En el auto de papá*) o invéntate una especial para esta actividad.

Seguridad: Sujeta bien a tu hijo para que no tenga miedo y no pueda caer mientras esté volando.

DE PESCA

Desde que son pequeños a los bebés les gustan los juegos de pesca. Con éste tu hijo se divertirá mucho y pondrá en práctica su capacidad para resolver problemas.

Materiales:
- Un metro de cuerda
- Un muñeco de colores
- Cinta adhesiva
- Una mesa

Aprendizaje:	• Anticipación de situaciones • Causa y efecto • Permanencia de los objetos • Resolución de problemas

Instrucciones:
1. Ata un extremo de la cuerda a un muñeco de colores.
2. Pon la cuerda sobre una mesa, con el muñeco colgando de forma que no se vea.
3. Sujeta el otro extremo de la cuerda en la mesa con un trozo de cinta adhesiva.
4. Sienta al niño en tu regazo frente a la mesa y la cuerda.
5. Despega la cinta adhesiva y déjale que agarre la punta de la cuerda.
6. Dale tiempo para que se familiarice con ella.
7. Anímale a tirar de la cuerda diciéndole «¿Qué hay ahí?» o «¿Dónde está el muñeco?». Cuando tire aparecerá el muñeco en el otro extremo de la mesa y se llevará una grata sorpresa.
8. Observa si intenta coger el muñeco con las manos.

Variación: En vez de esconder el muñeco, ponlo encima de la mesa para que intente cogerlo tirando de la cuerda.

Seguridad: No pierdas de vista al niño en ningún momento para evitar que se enrede con la cuerda.

FUERA SOMBREROS

Ahora que tu hijo reconoce bien las caras puedes jugar con él al juego de los sombreros. No le engañarás mucho tiempo, pero se lo pasará en grande quitándolos y poniéndolos.

Materiales:
- Varios sombreros
- Una sillita
- Tu cara y tu cabeza

Aprendizaje:
- Causa y efecto
- Control de la ansiedad ante personas desconocidas
- Invariabilidad (un objeto sigue siendo igual aunque cambie su aspecto)
- Interacción social

Instrucciones:
1. Saca los sombreros que tengas en casa o compra unos cuantos baratos en una tienda de disfraces. Procura que haya una gorra de béisbol, un gorro de punto, un sombrero de payaso, un gorro de baño, una boina, un casco de bombero o un sombrero divertido con plumas. (No utilices caretas; a los niños de esta edad les asustan.)
2. Coloca a tu hijo en su sillita o en el suelo y siéntate enfrente de él.
3. Ponte el primer sombrero y haz gestos graciosos mientras le dices «Mírame» o «Soy un bombero».
4. Inclínate un poco para que pueda agarrar el sombrero y quitártelo.
5. Repite el juego varias veces con el mismo sombrero antes de ponerte otro.

Variación: Ponte con el niño delante de un espejo. con un sombrero cada uno, y observa qué hace.

Seguridad: A veces los niños se asustan cuando cambia el aspecto de la gente. Si tu bebé comienza a alterarse quítate el sombrero enseguida para que vea que eres tú. Si sigue alterado espera un tiempo para realizar este juego.

PATADITAS

Este juego es estupendo para fortalecer las piernas y desarrollar la coordinación, y tanto tu hijo como tú os lo pasaréis en grande.

Materiales:
- Una pelota grande de plástico de un metro de diámetro
- Una manta suave colocada sobre una superficie blanda

Aprendizaje:	• Causa y efecto • Coordinación • Desarrollo de la motricidad gruesa

Instrucciones:
1. Tumba al niño boca arriba sobre una manta suave.
2. Levántale las piernas hacia arriba.
3. Pon la pelota sobre sus pies e intenta mantenerla en el aire mientras él da pataditas.
4. Haz girar la pelota mientras él mueve los pies procurando mantenerla en equilibrio.

Variación: Deja caer la pelota sobre sus piernas desde una distancia corta y observa si puede darle una patada. Si lo hace felicítale. En caso contrario sigue intentándolo hasta que lo consiga o pierda el interés.

Seguridad: Asegúrate de que tu hijo está sobre una superficie blanda, porque con las patadas puede sobreexcitarse y golpearse contra el suelo. Evita que la pelota le caiga sobre la cara; podría asustarse.

LOCOMOTORA

Ahora que tu hijo se sostiene sentado podéis jugar a la locomotora y hacer un pequeño viaje para que disfrute con el paseo y con el paisaje. Lo único que necesitas es una caja de cartón.

Materiales:
- Una caja de cartón de 60 x 45 cm de ancho y 30 cm de alto aproximadamente
- Mantas suaves o toallas
- Un trozo de cuerda de unos 2 m

Aprendizaje:	• Equilibrio • Control del cuello y la cabeza • Seguimiento visual

Instrucciones:
1. Busca una caja en la que tu hijo quepa sentado y corta la parte superior de forma que pueda apoyarse y ver por encima.
2. Haz dos agujeros en la parte frontal de la caja, uno a cada lado.
3. Pasa la cuerda por los agujeros y haz unos nudos en los extremos.
4. Forra la caja con mantas o toallas para que el niño esté protegido y cómodo.
5. Coge la cuerda y arrastra a tu hijo por toda la casa o por el jardín en su pequeña locomotora.

Variación: Pinta la caja de modo que parezca una locomotora. O un avión, un coche, un barco o cualquier otro vehículo.

Seguridad: Arrastra la caja despacio para que no se haga daño en el cuello y no se asuste con ningún movimiento brusco. Evita las escaleras y otras superficies irregulares.

MELODÍA MÓVIL

Crea una sinfonía con los brazos y las piernas de tu hijo. Muy pronto aprenderá a mover las manos y los pies de forma deliberada para producir distintos sonidos.

Materiales:
- Cintas de pelo elásticas forradas, de 3 o 4 cm de diámetro
- Hilo y aguja
- Cascabeles o sonajeros pequeños
- Una manta suave o una sillita

Aprendizaje:	• Localización de sonidos • Causa y efecto • Control motriz (de ambos lados del cuerpo)

Instrucciones:
1. Cose varios cascabeles o sonajeros pequeños en la parte exterior de las cintas de pelo.
2. Tumba al niño boca arriba sobre una manta suave o en su sillita.
3. Ponle las cintas en las muñecas y los tobillos.
4. Observa cómo aprende a mover los brazos y las piernas deliberadamente para producir sonidos.

Variación: Cose los sonajeros en unas manoplas o unos patucos y pónselos a tu hijos en las manos y los pies.

Seguridad: Los sonajeros deben estar bien cosidos a las cintas para que no se suelten y se los pueda tragar el niño. No utilices ningún objeto puntiagudo o con bordes afilados.

EN LA VIEJA FACTORÍA

Utiliza tu imaginación para crear una serie de marionetas basadas en los personajes de los cuentos favoritos de tu hijo. Para este juego hemos elegido la canción de la vieja factoría.

Materiales:

- Un guante de jardinería
- Cinco pompones de 2 o 3 cm de los siguientes colores: beige, rosa, negro, amarillo y blanco
- Pegamento
- Diez ojos movibles pequeños
- Trozos de fieltro de colores

Aprendizaje:	• Desarrollo del lenguaje • Interacción social • Seguimiento visual

Instrucciones:

1. Compra cinco pompones: beige para el granjero, rosa para el cerdito, negro para la vaca, amarillo para el pollito y blanco para la cabra.
2. Pega los pompones en la punta de los dedos del guante (por el lado de la palma).
3. Añade los ojos y haz con fieltro un hocico rosa para el cerdito, unos cuernos grandes para la vaca, unas plumas amarillas para el pollito y unos cuernos pequeños para la cabra.
4. Deja que la cola se seque bien.
5. Sienta al niño en tu regazo o en su sillita enfrente de ti.
6. Ponte el guante y canta «En la vieja factoría» moviendo cada marioneta en el momento oportuno.

Variación: Escenifica el cuento de los tres cerditos con tres pompones rosas, uno negro para el lobo y otro blanco para el disfraz de cordero.

Seguridad: Asegúrate de que los pompones y el resto de los accesorios están bien pegados al guante. No dejes que el niño se meta el guante en la boca.

ABRE Y CIERRA

Durante varios meses los niños poseen un reflejo que les impulsa a coger cosas con las manos, pero tienen problemas para soltarlas. Con este juego tu hijo aprenderá a controlar mejor sus manos y este reflejo.

Materiales:
- Juguetes pequeños que el niño pueda coger con facilidad: sonajeros, muñecos, aros o bloques
- Una mesa o una silla alta

Aprendizaje:	• Coger y dejar • Desarrollo de la motricidad fina • Control de los músculos finos

Instrucciones:
1. Busca varios juguetes pequeños que tu hijo pueda coger con facilidad.
2. Sienta al niño en tu regazo o en su sillita cerca de la mesa.
3. Pon un juguete a cierta distancia, de modo que tenga que estirar un poco la mano para agarrarlo.
4. Anímale a coger el juguete.
5. Cuando haya jugado un rato con él ábrele la mano con suavidad y quítaselo.
6. Vuelve a ponerlo sobre la mesa.
7. Canta esta canción mientras abres y cierras las manos de tu hijo y das palmadas con ellas.

Abre y cierra, abre y cierra
y da una palmadita.
Abre y cierra, abre y cierra
y mueve las manitas.

Variación: En vez de abrirle la mano dale otro juguete. Cuando logre cogerlo debería soltar el primero. Si se le cae un juguete sin querer di «¡Huy! ¡Se ha caído!» y recógelo. Observa si lo deja caer de nuevo.

Seguridad: Puesto que tu hijo se llevará todos los juguetes a la boca, asegúrate de que estén limpios y no tengan bordes afilados.

MARIONETA

A medida que la visión de tu hijo mejore podrá ver las cosas con más claridad y a mayor distancia. Para que desarrolle su capacidad visual, ten una marioneta «a mano» cuando le des de comer, le cambies o juegues con él.

Materiales:
- Un calcetín blanco limpio
- Rotuladores permanentes

Aprendizaje:	• Desarrollo del lenguaje
	• Interacción social
	• Agudeza visual

Instrucciones:
1. Compra un par de calcetines blancos en los que te quepan las manos.
2. Dibuja en los dedos de los calcetines ojos, cejas, narices y orejas con rotuladores permanentes. Traza unas bocas en los talones y unas lenguas rojas en los pliegues.
3. Pon al niño en tu regazo, en el cambiador o en su sillita.
4. Ponte una marioneta en la mano y habla con tu hijo o cántale una canción para entretenerle. Ponte la segunda marioneta en la otra mano para multiplicar la diversión.

Variación: Decora unos calcetines de bebé para hacer unas marionetas pequeñas, pónselas a tu hijo en las manos e improvisa una función. También puedes hacer marionetas tridimensionales con ojos movibles, pompones en la nariz, labios y lenguas de fieltro y pelo de lana.

Seguridad: Si coses los rasgos faciales asegúrate de que estén bien sujetos, y no dejes al niño meterse los calcetines a la boca. Si decoras las marionetas con rotuladores no le dejes chupar los calcetines.

PASEO A CABALLO

Cuando tu hijo tenga más fuerza en el cuello y controle mejor la cabeza puedes pasearle a caballo. Y cantarle una canción o una rima para amenizar el paseo.

Materiales:
- Tu rodilla
- Una toalla pequeña o una manta suave

Aprendizaje:	• Equilibrio • Control del cuello y la cabeza • Desarrollo del lenguaje • Interacción social

Instrucciones:
1. Ponte una manta pequeña sobre la rodilla para que tu hijo esté cómodo.
2. Siéntale en tu rodilla, frente a ti, y sujétale por los brazos.
3. Hazle botar hacia arriba y hacia abajo mientras recitas una rima.
4. Repite la rima varias veces antes de pasar a otra. He aquí algunas ideas:

Al paso, al trote y al galope (repítelo varias veces aumentando la intensidad de los botes)

La gallina turuleta
*La gallina turuleta
ha puesto un huevo, ha puesto dos,
ha puesto tres.
La gallina turuleta
ha puesto cuatro, ha puesto cinco,
ha puesto seis.
La gallina turuleta
ha puesto siete, ha puesto ocho,
ha puesto nueve.
¿Dónde está esa gallinita?
¿Dónde está la pobrecita?
Déjala que ponga diez.*

Variación: Pon al niño mirando hacia fuera y repite el juego.

Seguridad: No des botes demasiado fuertes y sujeta bien a tu hijo para que no se caiga.

BAÑO DE LLUVIA

Ayuda a tu hijo a descubrir su entorno a través de los sentidos. Los juegos de agua son perfectos para estimular la sensibilidad, y pueden convertir la hora del baño en una experiencia deliciosa.

Materiales:

- Un punzón
- Una botella de plástico de detergente o ketchup
- Una bañera pequeña o grande

Aprendizaje:	• Conocimiento del entorno • Desarrollo sensomotriz • Interacción social

Instrucciones:

1. Utiliza un punzón para hacer agujeros en el fondo y las paredes de la botella de plástico, dejando entre ellos una distancia de unos dos centímetros.
2. Pon al niño en una bañera pequeña, o báñate con él en una grande. Métele en el agua despacio para que se vaya acostumbrando a la nueva sensación.
3. Llena la botella de plástico con agua de la bañera.
4. Levanta la botella para que tu hijo pueda ver cómo sale el agua por los agujeros.
5. Pon la botella sobre su cuerpo para que el agua le haga cosquillas.
6. Si le gusta el juego pon la botella sobre su cabeza para darle un baño de lluvia.

Variación: Utiliza botellas de plástico para hacer otros juegos de agua. Las de ketchup y los atomizadores que se usan para regar plantas son estupendos para este tipo de juegos.

Seguridad: Procura que el agua no le entre en los ojos, sobre todo si tiene jabón. Si a tu hijo no le gusta que le mojen la cara echa el agua sólo por su cuerpo.

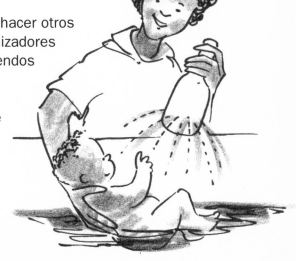

EN MARCHA

Lleva a tu hijo a dar un paseo a caballo o en coche sin salir de casa. Ponte la silla de montar o arranca el motor para que comience la diversión.

Materiales:
- Una silla cómoda
- Tu pierna
- Una toalla pequeña

Aprendizaje:	• Equilibrio • Control de la cabeza • Control motriz • Interacción social

Instrucciones:
1. Quítate los zapatos y siéntate en una silla cómoda con las piernas cruzadas.
2. Ponte una toalla pequeña sobre el pie.
3. Sienta al niño encima de la toalla, mirando hacia ti, con los brazos extendidos.
4. Sujétale las manos y mueve la pierna hacia arriba y hacia abajo para darle un paseo a caballo o en coche mientras cantas una de estas canciones:

> **Vamos de paseo**
> *Vamos de paseo, pi, pi, pi,*
> *en un auto feo, pi, pi, pi,*
> *pero no me importa, pi, pi, pi,*
> *porque llevo torta, pi, pi, pi.*

> **El señor Don Gato**
> *Estaba el señor Don Gato*
> *sentadito en su tejado,*
> *marramamiau, miau, miau,*
> *sentadito en su tejado...*

Variación: Sienta al niño sobre tu rodilla y sube y baja la pierna siguiendo el ritmo de la canción. Ponle mirando hacia fuera para que tenga una perspectiva diferente.

Seguridad: NO des botes demasiado fuertes. Mueve al niño despacio y con cuidado para evitar que se haga daño en el cuello.

LINTERNA

Ayuda a tu hijo a desarrollar su capacidad visual con el juego de la linterna. Puedes jugar por la noche, justo antes de acostarle, o para tranquilizarle cuando se despierte.

Materiales:
- Una habitación oscura
- Una linterna

Aprendizaje:	• Causa y efecto • Percepción visual • Conocimiento del entorno • Seguimiento visual

Instrucciones:
1. Busca una habitación que puedas dejar completamente a oscuras.
2. Siéntate en el suelo o en una silla con el niño en tu regazo.
3. Apaga las luces, enciende la linterna e ilumina con ella la pared para atraer la atención de tu hijo.
4. Di algo sobre la luz, por ejemplo «Mira cómo brilla».
5. Mueve la luz despacio por la habitación y deténla cuando veas un objeto interesante.
6. Di algo sobre los objetos que enfoques, como «Aquí está el osito».
7. Sigue moviendo la luz hasta que tu hijo se canse del juego.

Variación: Deja que el niño coja la linterna, con tu ayuda, y observa si puede manipular la luz. O dale una linterna pequeña.

Seguridad: No le enfoques directamente a los ojos. Si le da miedo la oscuridad, enciende una lamparita que no reduzca demasiado la intensidad de la linterna.

ARAÑITA

Con este juego de cosquillas, que cada vez resulta más divertido, tu hijo aprenderá a conocer mejor su cuerpo y a relacionarse contigo.

Materiales:
- Tus piernas o una sillita
- Tus dedos

Aprendizaje:	• Anticipación • Conocimiento del cuerpo • Estimulación sensorial • Interacción social

Instrucciones:
1. Quítale al niño la ropa (puedes dejarle el pañal).
2. Ponle en tu regazo o en su sillita.
3. Recita esta rima haciendo los movimientos de dedos correspondientes.

La arañita trepadora

La arañita trepó por el canalón
(sube con los dedos por su pecho hasta la barbilla).
Comenzó a llover y el agua la arrastró
(baja con los dedos por el pecho como si estuviera lloviendo).
Salió el sol y todo se secó
(da unas palmaditas en su abdomen para «secárselo»).
Y la arañita volvió a subir por el canalón
(vuelve a trepar con los dedos por el pecho).

4. Repite el juego moviendo los dedos cada vez más rápido.

Variación: En lugar de los dedos utiliza un muñeco pequeño, a ser posible una araña. Si empleas otro animal de juguete sustituye en la canción la palabra «araña» por el nombre de ese animal.

Seguridad: No le hagas demasiadas cosquillas; en vez de divertirse podría ponerse nervioso.

RODAJAS DE PLÁTANO

En esta fase tu hijo intentará coger cosas pequeñas con sus dedos rechonchos. Con este juego le ayudarás a desarrollar la motricidad fina y el sentido de la independencia. Y estará bien alimentado.

Materiales:

- Un babero
- Un plástico para cubrir el suelo (opcional)
- Una trona con correas
- Un plátano maduro

Aprendizaje:	• Autonomía-independencia • Desarrollo de la motricidad fina • Autonomía para comer

Instrucciones:

1. Ponle al niño el babero.
2. Si quieres, cubre el suelo con un plástico y coloca encima la trona.
3. Sienta a tu hijo en la silla y ponle las correas.
4. Corta un plátano maduro en rodajas y ponlas en la bandeja de la silla.
5. Deja que explore el plátano con las manos, la cara y la boca.

Variación: Prueba con varios alimentos blandos: un melocotón maduro (sin hueso), un plato de cereales o un cuenco pequeño de arroz, papilla o puré de patatas.

Seguridad: Permanece a su lado en todo momento para que no se atragante.

AÚPA

Tu hijo perderá enseguida dos reflejos que tenía al nacer: el de agarrar cosas y el de abrir los ojos al sentarse. Aprovecha estos reflejos antes de que aprenda a controlar mejor sus movimientos.

Materiales:
- Una superficie blanda que no resbale
- Tus manos

Aprendizaje:	• Anticipación y sorpresa • Agarrar • Control del cuello y la cabeza • Interacción social

Instrucciones:
1. Tumba al niño en una superficie blanda que no resbale, por ejemplo una alfombra.
2. Siéntate enfrente de él.
3. Pon los pulgares en la palma de sus manos y deja que te los agarre. Cuando lo haga sujétale bien las manos.
4. Levántale poco a poco mientras dices «Aúpa» hasta que se quede sentado.
5. Deja que disfrute con el juego y vea lo contenta que estás y vuelve a tumbarle para jugar de nuevo.

Variación: Coloca al niño sentado, deja que te agarre los pulgares y levántale hasta que se ponga de pie. Este ejercicio es estupendo para las piernas.

Seguridad: Sujétale bien las manos por si acaso se suelta. Levántale despacio para que no se haga daño en el cuello.

PASEO ACUÁTICO

A medida que tu hijo crece aprende a conocer su entorno y a sí mismo gracias a sus sentidos. El agua proporciona una experiencia sensorial muy completa, y jugar con ella es muy divertido.

Materiales:
- Una bañera
- Tus manos

Aprendizaje:	• Control motriz • Exploración sensorial • Interacción social • Conocimiento del entorno

Instrucciones:
1. Llena una bañera de agua templada para tu bebé (y para ti si quieres).
2. Mete al niño despacio en la bañera para que se vaya acostumbrando al agua.
3. Chapotea un poco y échale agua por encima para que sepa qué sensaciones produce.
4. Cuando esté preparado para el paseo acuático agárralo por el abdomen con las dos manos y muévelo por la superficie del agua con la cabeza por encima.
5. Imita el ruido de una motora mientras lo llevas de aquí para allá. Deja que descanse unos minutos entre un paseo y otro.

Variación: Pon al niño boca arriba y repite el paseo. O pon varios juguetes en el agua, acércale a ellos y échale hacia atrás cuando los toque.

Seguridad: Mantén su cabeza fuera del agua y ten cuidado para que no le entre agua en la boca ni en los ojos. El agua no debe estar ni demasiado fría ni demasiado caliente.

DE SEIS A NUEVE MESES

En este periodo tu hijo se moverá como un torbellino. Muy pronto aprenderá a sentarse, a andar a gatas e incluso a mantenerse de pie a medida que practique la motricidad gruesa. Y al mismo tiempo dejará de agarrar las cosas con toda la mano para empezar a cogerlas con los dedos.

Aunque seguirá usando las manos para llevarse objetos a la boca tendrá cada vez más habilidad para coger, dejar y tirar. Y no se meterá en la boca cualquier cosa. Cuando comiences a darle alimentos sólidos deja que agarre la cuchara para que aprenda a manejarla. Al principio lo pondrá todo perdido, pero muy pronto será capaz de comer solo sin mancharse demasiado.

Por otra parte comprenderá las expresiones que oiga con frecuencia, por ejemplo «No» y «¿Quieres el biberón?», y las palabras que designan a las personas más cercanas, como «papá», «mamá» y «gatito». Se comunicará con su cuerpo señalando, estirando el brazo y diciendo adiós con la mano. Y controlará cada vez mejor las expresiones faciales para manifestar sus necesidades.

Cuando comience a moverse solo de un lado a otro adquirirá un sentido más claro de su identidad. Al alejarse de ti es posible que se sienta un poco inseguro, pero ya está preparado para explorar su entorno bajo tu supervisión.

Puesto que a todos los niños les gusta jugar con sus padres y con otros bebés, debes darle a tu hijo la oportunidad de relacionarse con otras personas. Si ves que tiene miedo o ansiedad al separarse de ti ayúdale a superarlo con juegos que potencien la interacción social y la permanencia de los objetos.

Nunca es demasiado pronto para fomentar la autoestima. Cuando pongas en práctica los juegos de esta sección anímale a conseguir el objetivo para que aumente su confianza en sí mismo y afronte nuevos retos. Si se siente bien consigo mismo no habrá nada que lo detenga.

Así pues, ponte a cuatro patas e intenta seguir su ritmo.

ABRACADABRA

Practica este juego de magia con tu bebé y haz que desaparezca un juguete sin utilizar ningún espejo. Enseguida se dará cuenta de que es un truco y de que sigue estando en tus manos.

Materiales:
- Un juguete pequeño

Aprendizaje:	• Capacidad cognitiva • Coordinación óculo-manual • Permanencia de los objetos

Instrucciones:
1. Busca un juguete pequeño que te quepa en la mano.
2. Pon al niño boca arriba y enséñale el juguete.
3. Deja que lo coja y lo examine durante un rato.
4. Quítaselo con suavidad y ponlo en la palma de tu mano.
5. Cierra las manos para ocultarlo.
6. Pregúntale: «¿Adónde se ha ido?».
7. Cuando veas que está desconcertado abre las manos y di «Aquí está».
8. Repite el juego con otros juguetes.

Variación: Píntate las uñas con esmalte de colores o dibuja en ellas unas caras con rotuladores. Enséñale a tu hijo los dedos, muévelos y dóblalos hacia abajo para hacerlos desaparecer. Después súbelos uno por uno y vuelve a esconderlos.

Seguridad: No elijas un juguete demasiado pequeño para que el bebé no pueda atragantarse con él al examinarlo.

EN EL ZOO

Cuando tu hijo comience a hablar le encantará hacer ruiditos. Llévale a dar un paseo imaginario por el zoo para que conozca a los animales y desarrolle su capacidad verbal y auditiva.

Materiales:
- Animales de peluche o fotografías grandes de animales
- Una sillita
- Tu voz

Aprendizaje:	• Reconocimiento auditivo • Capacidad de clasificación • Desarrollo del lenguaje • Interacción social

Instrucciones:
1. Busca varios animales de peluche o varias fotos grandes de animales.
2. Pon al niño en su sillita y siéntate enfrente de él.
3. Sostén un muñeco o una foto cerca de tu cara, de modo que tu hijo pueda verte la boca, e imita la voz de ese animal.
4. Dale la oportunidad de que reproduzca el sonido y después repítelo.
5. Coge otro muñeco u otra fotografía y haz el sonido correspondiente.
6. Repite el juego con el resto de los animales.
7. Vuelve a jugar de nuevo, esta vez haciendo una pausa antes de reproducir los sonidos para que tu hijo pueda anticiparse a ellos.

«MIAU»

Variación: Algunos bebés aprenden mejor visualmente, mientras que otros tienen mayor capacidad auditiva. Si tu hijo responde mejor a los estímulos sonoros, emite primero el sonido y luego enséñale el animal o la fotografía.

Seguridad: No levantes mucho la voz para que no se asuste.

MUÑECOS RELLENOS

Haz tus propios muñecos para pasártelo en grande con tu hijo. Cose un animalito de trapo, rellénalo de alubias y deja que lo examine antes de poner en práctica una gran variedad de actividades.

Materiales:

- Dos toallitas o dos trozos de felpa
- Dos tazas de alubias
- Hilo y aguja
- Rotuladores permanentes

Aprendizaje:	• Capacidad mental-cognitiva • Desarrollo emocional • Desarrollo de la motricidad fina • Juego imaginativo

Instrucciones:

1. Recorta en las toallitas la silueta de un animal que tenga una forma sencilla: un oso, un ratón o una rana.
2. Cose las dos partes y deja una abertura para la cabeza.
3. Da la vuelta al animal de trapo y rellénalo con las alubias.
4. Cose la abertura.
5. Dibuja la cara y otros detalles con rotuladores permanentes.
6. Dale el muñeco a tu hijo para que lo examine un rato.
7. Enséñale a jugar con él: tíralo, déjalo caer, escóndelo, haz que ande y hable, dale besos y dóblalo.

Variación: Haz un muñeco más grande con toallas de lavabo. Puedes hacer unos cuantos para que tu hijo disfrute con ellos.

Seguridad: Asegúrate de que el muñeco está bien cosido para evitar que se escapen las alubias. Compra alubias pequeñas con las que tu bebé no se pueda atragantar si se las mete en la boca.

TAMBOR

Los niños tienen mucho ritmo, y desde que son pequeños les gusta dar golpes y hacer ruido. Aprovecha esta capacidad para convertir a tu hijo en un percusionista *amateur*.

Materiales:

- Una trona
- Una cuchara de madera, una escobilla y otros «palillos»
- Papel de aluminio, un cuenco de plástico, un molde de pasteles, papel de periódico y otros objetos para golpear

Aprendizaje:	• Causa y efecto • Capacidad auditiva • Ritmo y coordinación

Instrucciones:

1. Sienta al niño en la trona.
2. Dale una cuchara de madera y enséñale a golpear con ella la bandeja.
3. A continuación dale la escobilla y el resto de los «palillos», uno cada vez.
4. Después dale diferentes objetos para que dé golpes en ellos: papel de aluminio, un cazo, un cuenco de plástico, un molde de pasteles, una hoja de periódico.
5. Ponte algodón en los oídos para que no te duela la cabeza. (Es una broma.)

Variación: Sienta al niño en el suelo y pon todos los objetos a la vez delante de él para que «toque» con todas sus fuerzas. Fabrica un tambor cubriendo la parte superior de un bote de metal con papel encerado y deja que lo golpee con una cuchara de madera pequeña.

Seguridad: Vigila a tu bebé para que no se haga daño con los palillos.

QUE TE PILLO

El juego de «pillar» resulta más divertido a partir de los seis meses. Con esta edad los niños están familiarizados con su entorno, conocen bien a sus padres y están acostumbrados a las sorpresas.

Materiales:
- Una manta suave
- Tus dedos

Aprendizaje:	• Anticipación y sorpresa • Expresión emocional • Control motriz • Interacción social

Instrucciones:
1. Extiende una manta en el suelo y pon encima al niño, boca abajo.
2. Ponte a gatas y comienza a caminar por la habitación.
3. Dile «Que te pillo» mientras gateas hacia él moviendo los dedos de ambas manos.
4. Repítelo a medida que te acerques, sin dejar de sonreír para que sepa que es un juego divertido.
5. Cuando le alcances ponle las manos en la espalda y hazle unas cosquillas mientras le dices «Te pillé».
6. Repite el juego hasta que se canse de jugar.

Variación: En vez de avanzar de frente ponte detrás de él para darle una sorpresa. Si intenta escapar gateando muévete despacio para darle una oportunidad.

Seguridad: Mientras tú te acercas al niño, otra persona puede «protegerle» para aliviar sus temores si ves que se asusta.

CONTENTO

Ahora tu hijo experimenta una gran variedad de emociones: alegría, tristeza, ira e incluso orgullo y culpa. Con este juego le ayudarás a expresar sus sentimientos positivos mientras aprende las partes del cuerpo.

Materiales:
- Una sillita
- El cuerpo de tu bebé
- Tu voz

Aprendizaje:	• Coordinación e imitación • Expresión emocional • Desarrollo de las motricidades fina y gruesa • Desarrollo del lenguaje

Instrucciones:
1. Sienta al niño en su sillita en el suelo.
2. Canta la canción «Si estás contento» moviendo cada una de las partes del cuerpo en el momento oportuno.

Si estás contento
Si estás contento aplaude con las manos.
Si estás contento aplaude con las manos.
Si estás contento y lo sabes tus manos lo sabrán.
Si estás contento aplaude con las manos.

3. Repite la canción sustituyendo «aplaude con las manos» por «patalea con los pies», «saluda con la cabeza», «mueve los brazos», «dobla las rodillas», «da botes con el culito» y «echa un besito».

Variación: Invéntate la letra para incluir otras partes del cuerpo, por ejemplo los dedos, la lengua, el pelo o los juguetes de tu hijo.

Seguridad: Mueve al niño despacio para no hacerle daño mientras juegues con él.

PALACIO DE HIELO

Esta actividad es perfecta para la hora del baño. Con ella tu hijo estará entretenido y aprenderá las propiedades del agua.

Materiales:
- Una bandeja de cubitos
- Una bañera de plástico
- Globos
- Cartones de leche
- Colorante alimentario
- Objetos pequeños de plástico

Aprendizaje:	• Causa y efecto • Desarrollo de la motricidad fina • Permanencia de los objetos • Propiedades físicas

Instrucciones:
1. Llena la bandeja de cubitos, los globos, los cartones de leche y otros recipientes con agua, tiñe cada uno de ellos con un color diferente y congélalos.
2. Llena la bañera con agua templada y mete en ella al niño poco a poco.
3. Pon los cubitos de colores en la bañera y deja que tu bebé los coja, los meta debajo del agua o simplemente vea cómo flotan.
4. Quita el plástico de los globos congelados y ponlos en la bañera para que tu hijo examine sus propiedades.
5. Pela los cartones de leche y pon los bloques congelados en la bañera.
6. Pon muñequitos de plástico sobre los bloques de hielo para que el niño vea cómo se quedan flotando al derretirse el hielo.

Variación: Pon juguetes pequeños de plástico dentro de los cubitos antes de congelarlos para que vea cómo aparecen cuando se derrita el hielo. Congela el agua en capas de distintos colores para que vea cómo van desapareciendo.

Seguridad: No dejes al niño solo en la bañera. Prepara todos los materiales antes de comenzar a jugar. Asegúrate de que los juguetes no son demasiado pequeños para evitar que tu hijo se atragante con ellos.

GUISANTES

¿No es asombroso que tu hijo sea capaz de coger las partículas más pequeñas de la alfombra cuando no hace mucho apenas sabía manejar las manos? Con el juego de los guisantes conseguirás que tenga los deditos ocupados.

Materiales:
- Una trona
- $^1/_2$ taza de guisantes congelados

Aprendizaje:	• Coordinación óculo-manual • Desarrollo de la motricidad fina • Introducción de nuevos sabores • Autonomía para comer

Instrucciones:
1. Sienta al niño en la trona.
2. Echa en la bandeja los guisantes congelados.
3. Deja que tu bebé se divierta cogiéndolos y metiéndoselos en la boca.
4. Si necesita ayuda para comenzar hazlo tú unas cuantas veces para enseñarle el proceso.

Variación: Sustituye los guisantes por trozos de fruta congelados, pero asegúrate de que sean muy pequeños para que tu hijo no se atragante con ellos.

Seguridad: Vigila a tu hijo en todo momento. Si se mete a la boca un puñado de guisantes podría ahogarse.

CAJA SORPRESA

A los niños les encanta el juego de la caja sorpresa, sobre todo si de ella salen sus padres en vez de un muñeco. Lo único que necesitas para jugar es una caja grande y muchas ganas de divertirte.

Materiales:
- Una caja grande
- Tú

Aprendizaje:	• Anticipación y sorpresa • Expresión emocional • Permanencia de los objetos • Interacción social

Instrucciones:

1. Busca una caja grande en la que quepas bien. Ponla en una habitación y métete dentro de ella.
2. Dile a tu pareja que entre con el niño en la habitación y pregunte «¿Dónde está papá/mamá?» mientras canta esta canción:

> *Muñequito, muñequito,*
> *¿vas a salir para jugar conmigo?*
> *Muñequito, muñequito,*
> *sal para que seamos amigos.*

3. Sal de la caja cuando termine la canción.
4. Intercambia con tu pareja los papeles y repetid el juego.

Variación: Si sólo tienes una caja pequeña, haz una abertura en el fondo y mete la mano por el agujero. Ponte una marioneta en la mano y cierra la tapa de la caja. Después canta la canción y saca la marioneta al terminar.

Seguridad: Sal de la caja despacio y sin hacer ruido para que tu hijo no se asuste. Se trata de darle una sorpresa, no de aterrorizarle.

PUERCOESPÍN

Este puercoespín de tela se puede usar como marioneta, para apreciar distintas texturas y para desarrollar la motricidad fina. Y te ayudará a pasar unos ratos estupendos con tu bebé.

Materiales:
- Un guante de jardinería
- Una piel sintética
- Hilo y aguja
- Recortes de tela

Aprendizaje:	• Desarrollo de la motricidad fina • Desarrollo del lenguaje • Exploración sensorial • Capacidades sociales

Instrucciones:
1. Cose la piel en la parte superior del guante para crear las «púas» del puercoespín.
2. Cose trozos de tela por todo el guante para que haya diferentes texturas.
3. Añade los ojos, la nariz, la boca y otros detalles utilizando trocitos de tela.
4. Ponte el guante en la mano para dar vida al puercoespín. Canta, habla y mueve la marioneta alrededor de tu hijo.
5. Deja que el niño se ponga también el guante y juegue con él.

Variación: En lugar de un puercoespín crea el animal favorito de tu hijo con trozos de tela, rotuladores y un poco de imaginación. Utiliza los dos guantes si quieres hacer un chico y una chica, un papá y una mamá o dos animales.

Seguridad: Asegúrate de que los trozos de tela están bien cosidos para evitar que el bebé se atragante con ellos.

MANCHA

A medida que tu hijo aprenda a sentarse, a gatear y por fin a andar irá conociendo mejor su cuerpo. Este divertido juego le ayudará a desarrollar esa capacidad.

Materiales:
- Una sillita o el suelo
- Pegatinas pequeñas de colores

Aprendizaje:	• Conocimiento del cuerpo
	• Permanencia de los objetos
	• Resolución de problemas
	• Interacción social
	• Localización visual

Instrucciones:
1. Ponle a tu hijo sólo un pañal.
2. Siéntale en su sillita o en el suelo si sabe estar sentado.
3. Ponte delante de él con varias pegatinas pequeñas de colores a mano.
4. Enséñale una pegatina y pégasela rápidamente en el cuerpo sin mostrarle dónde la vas a poner. Escóndela entre dos dedos antes de pegarla para que no la vea.
5. Aparta la mano y pregúntale «¿Dónde está la pegatina?»
6. Comienza a recorrer su cuerpo para encontrarla. Mírale las manos y di «No, aquí no». Mírale los brazos y di «No, aquí no». Sigue buscando hasta que descubras la pegatina. Entonces di «Aquí está» y muéstrasela.
7. Repite el juego poniendo la pegatina en diferentes lugares.
8. Al cabo de un rato dale la oportunidad de buscarla solo. Dale pistas si necesita ayuda.

Variación: Ponte varias pegatinas en el cuerpo y deja que el niño las busque con tu ayuda.

Seguridad: Puesto que las pegatinas son pequeñas, no se las pongas cerca de la boca para evitar que se las trague.

FLOTA O SE HUNDE

Cuando tu hijo comience a comprender el mundo que le rodea puedes ayudarle a clasificar objetos que tengan propiedades similares. Al principio pensará que es cosa de magia, pero muy pronto se dará cuenta de que existe una explicación.

Materiales:
- Cinco objetos que se hundan: piedras, botes, cucharas, cascabeles, un llavero
- Cinco objetos que floten: jabón, juguetes de plástico, lapiceros, esponjas, un cepillo
- Una bañera pequeña

Aprendizaje:	• Propiedades físicas • Capacidad de clasificación

Instrucciones:
1. Llena la bañera con agua templada y mete en ella al niño poco a poco.
2. Pon en la bañera un objeto que flote y di «Mira cómo flota».
3. Al cabo de un rato pon un objeto que se hunda y di «Mira cómo se hunde».
4. Alterna objetos para que tu hijo no pierda el interés y luego déjale que los eche él mismo en el agua.

Variación: Pon en la bañera todos los objetos que floten, uno a uno, y mira cómo flotan. Después echa un objeto que se hunda y observa la cara de sorpresa de tu hijo. Hazlo de nuevo y explícale qué ha sucedido.

Seguridad: No dejes al niño solo en el agua en ningún momento.

BOLA DE NIEVE

Proporciona a tu hijo nuevas experiencias para que aprenda a conocer las diferentes texturas que hay en su entorno. En este juego puedes utilizar nieve real o hacerla tú misma.

Materiales:
- Nieve limpia
- Una trona
- Una toalla
- Colorante alimentario (opcional)

Aprendizaje:	• Capacidad cognitiva • Desarrollo de la motricidad fina • Propiedades de la nieve: textura, tacto, temperatura

Instrucciones:
1. Coge un poco de nieve limpia del jardín o pasa unos cubitos de hielo por la batidora.
2. Sienta al niño en la trona.
3. Pon un cuenco de nieve en la bandeja.
4. Deja que tu bebé examine la nieve con las manos y la boca.
5. Si no se atreve a tocarla, demuéstrale cómo se juega con esa sustancia extraña y fría.
6. Cuando se derrita la nieve, limpia la bandeja con una toalla y pon otro cuenco de nieve congelada.

Variación: Para añadir un estímulo visual, tiñe la nieve con unas cuantas gotas de colorante alimentario. Dale a tu hijo algunos juguetes para que el juego sea más entretenido: una cuchara, un muñeco de plástico o una pelota pequeña.

Seguridad: Si utilizas nieve real asegúrate de que está limpia, porque se la meterá en la boca.

APRETONES

A esta edad los niños ya mueven bien los brazos y las piernas, pero también desarrollan la motricidad fina al explorar con sus deditos el mundo de las texturas, el tacto y la temperatura.

Materiales:
- Varios objetos que se puedan estrujar: plastilina, arcilla, «nubes», esponjas, muñecos de goma, pelotas antiestrés
- Una silla alta con bandeja

Aprendizaje:	• Capacidad de clasificación • Desarrollo cognitivo • Desarrollo del sentido del tacto • Desarrollo de la motricidad fina

Instrucciones:
1. Busca varios objetos que se puedan estrujar, incluyendo algunos que hagan ruido.
2. Sienta al niño en la silla alta.
3. Pon en la bandeja un objeto para que lo examine. Anímale a apretarlo y a examinar su textura, su resistencia y su temperatura.
4. Al cabo de un rato dale otro objeto.
5. Continúa hasta que haya examinado todos los objetos.

Variación: Mete los objetos en calcetines finos para que tu hijo no pueda verlos y ponlos sobre la bandeja para que los examine a través de la tela de los calcetines.

Seguridad: Vigila a tu bebé en todo momento para que no se coma ningún objeto.

COLUMPIO

Durante los primeros meses a tu hijo le costará dominar su equilibrio. Al principio tendrá problemas para sostener la cabeza, pero enseguida se lo pasará en grande con juegos como éste.

Materiales:
- Una toalla pequeña
- Tu pierna

Aprendizaje:	• Equilibrio
	• Confianza
	• Interacción social

Instrucciones:

1. Ponte una toalla pequeña en la pierna para que tu hijo esté más cómodo.
2. Siéntale en tu muslo mirando hacia ti.
3. Agárrale los brazos y, sin presionar demasiado, baja por ellos las manos hasta llegar a los dedos.
4. Mueve la pierna despacio de un lado a otro mientras le balanceas.
5. Intenta soltarle una mano y luego la otra, con cuidado, y estáte preparado para cogerlo enseguida si es necesario.
6. Dale la vuelta y repite el juego.

Variación: Estira la pierna, apoya el pie en una silla y sienta al niño en la parte inferior de la pierna.

Seguridad: Sujétale bien y estáte atento para cogerle si pierde el equilibrio.

COMIDITAS

El mundo que los rodea proporciona a los niños una gran variedad de estímulos sensoriales. Dale a tu hijo cosas interesantes para que se divierta examinándolas con las manos y la boca.

Materiales:
- Alimentos variados
- Una trona
- Un plástico para cubrir el suelo

Aprendizaje:	• Conocimiento del entorno • Desarrollo de la motricidad fina • Experimentación científica

Instrucciones:

1. Prepara una serie de alimentos —en pequeñas cantidades— para que tu bebé los toque, los pruebe y los huela, por ejemplo un yogur, crema de cacahuete, un plátano, Cheerios o espaguetis.
2. Cubre el suelo de la cocina con un plástico y coloca encima la silla alta.
3. Sienta al niño en la silla y pon uno de los alimentos en la bandeja.
4. Deja que juegue con él un rato y lo examine con las manos y la boca.
5. Retíralo y dale otra cosa.
6. Observa cómo reacciona al examinar cada uno de los alimentos. Dile cómo se llaman y descríbelos cuando se los pongas delante.

Variación: Ponle un solo alimento, en mayor cantidad, para que juegue con él, lo manosee, lo golpee y pase un buen rato.

Seguridad: Vigila a tu bebé en todo momento para evitar que se atragante.

TÚNEL

Cuando tu hijo comience a andar a gatas hazle un túnel para que se lo pase aún mejor. Descubrirá una nueva manera de moverse, y una sorpresa al final. Lo único que necesitas para este juego es una caja grande.

Materiales:
- Una caja de cartón un poco más grande que tu bebé
- Una manta pequeña

Aprendizaje:	• Capacidad cognitiva • Percepción visual • Permanencia de los objetos • Resolución de problemas

Instrucciones:
1. Busca una caja por la que pueda pasar tu hijo sin problemas y corta los dos extremos para hacer un túnel.
2. Deja al niño en el suelo en un extremo del túnel.
3. Ponte al otro lado y llámale para que entre en la caja. Si necesita ayuda dale la mano y arrástrale con suavidad hasta el otro lado.
4. Repítelo varias veces.
5. Pon una manta en tu extremo de la caja para que no pueda verte, dale la mano y ayúdale a pasar al otro lado.

Variación: Sienta al niño en el suelo y ponle encima la caja. Luego asómate por la parte superior, quita la caja y di «cucú».

Seguridad: Asegúrate de que la caja no es demasiado pequeña, y no dejes a tu bebé solo dentro de ella para que no se asuste.

ARRIBA Y ABAJO

En esta etapa lo que más le interesa a tu hijo es andar a gatas. Con este juego podrá hacer prácticas y aprender nuevos movimientos.

Materiales:
- Unas escaleras
- Juguetes interesantes

Aprendizaje:	• Exploración • Desarrollo de la motricidad gruesa • Resolución de problemas

Instrucciones:
1. Busca una escalera por la que pueda trepar tu hijo, si es posible enmoquetada.
2. Siéntate con él en el suelo, pon un juguete en el primer escalón y deja que intente cogerlo.
3. Pon otro juguete en el segundo escalón y atrae hacia él su atención.
4. Cuando intente alcanzarlo ayúdale a subir el escalón doblándole la rodilla y poniéndole las manos en el de arriba.
5. Cuando coja el juguete pon otro en el siguiente escalón y repite el proceso.

Variación: Cuando suba todas las escaleras enséñale a bajar. Puesto que los bebés no comprenden el concepto de reversibilidad tendrás que enseñarle a apoyarse en los pies y a bajar despacio los escalones.

Seguridad: Mantén las puertas de seguridad cerradas cuando no utilices la escalera para hacer prácticas de escalada.

PAJARITO

A los niños les encanta volar sobre las piernas de sus padres. Dale a tu hijo un paseo por los aires para que vuele como un pájaro.

Materiales:
- Tus pies
- Unos calcetines

Aprendizaje:	• Equilibrio • Percepción visual • Desarrollo de la motricidad gruesa • Confianza e interacción social

Instrucciones:
1. Ponte unos calcetines suaves para que tu hijo esté más cómodo.
2. Túmbate en el suelo boca arriba junto a él.
3. Ponle sobre las plantas de tus pies con las piernas extendidas y levántalo hacia arriba.
4. Cuando el niño esté cómodo y bien sujeto mueve las piernas hacia delante y hacia atrás para que «vuele».
5. Utiliza tu imaginación para mover los pies de diferentes maneras de modo que experimente distintas formas de vuelo.

Variación: Si lo prefieres, colócale sobre tus piernas para que la base sea más sólida. Ponle boca arriba para que tenga una perspectiva diferente.

Seguridad: Agárrale bien para que no pierda el equilibrio. No hagas movimientos bruscos y así se sentirá seguro mientras vuele.

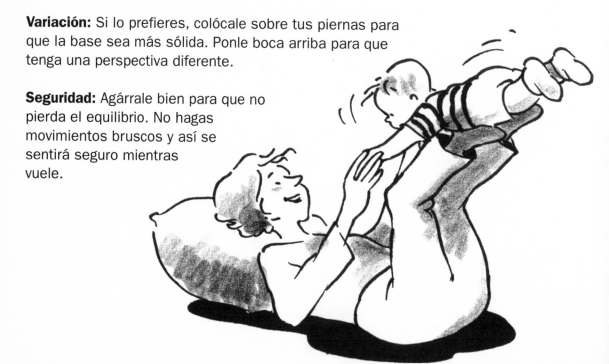

¿ADÓNDE HA IDO?

Dentro de poco no podrás engañar a tu hijo con este juego, así que aprovecha ahora para disfrutar con él. Observa cómo reacciona cuando desaparezca el juguete.

Materiales:

- Un tubo de cartón
- Rotuladores permanentes, pegatinas y otros adornos (opcional)
- Una pelota, un coche o un juguete pequeño que quepa dentro del tubo
- Una sillita

Aprendizaje:	• Anticipación y sorpresa • Causa y efecto • Permanencia de los objetos • Resolución de problemas

Instrucciones:

1. Decora el tubo con rotuladores permanentes, pegatinas y otros adornos para que quede más bonito.
2. Pon en el suelo el tubo y un objeto pequeño (una pelota, un coche o un juguete).
3. Sienta al niño en su sillita, en el suelo, y ponte a su lado.
4. Coloca el tubo en un ángulo de cuarenta y cinco grados, de modo que un extremo quede sobre las rodillas de tu hijo y el otro hacia arriba.
5. Enséñale la pelota o el juguete y déjalo caer por la parte superior del tubo mientras dices: «¿Adónde ha ido?».
6. Cuando caiga sobre sus rodillas di «Aquí está» y muéstraselo.
7. Repite el juego hasta que se canse.

Variación: Utiliza varios juguetes a la vez para que resulte más divertido. Deja que el niño meta el juguete por el tubo y caiga en tu regazo.

Seguridad: Asegúrate de que el juguete no es demasiado pequeño para evitar que se lo trague.

DE NUEVE A DOCE MESES

Ahora no hay quien pare a tu hijo. Cada vez se mueve con más rapidez, muy pronto aprenderá a andar y a correr, y necesita muchos estímulos para relacionarse con el mundo.

Cuando controle mejor su cuerpo puedes proponerle actividades que le ayuden a desarrollar la motricidad gruesa. A los niños les encanta trepar y meterse en todos los rincones. Antes de que te des cuenta llegará al bote de las galletas, así que vete poniendo fuera de su alcance los objetos de valor y las sustancias peligrosas para evitar problemas. Deja que explore su entorno el mayor tiempo posible, y ponle en el parque sólo en casos de emergencia, cuando no puedas vigilarle.

Por otro lado irá desarrollando también la motricidad fina, y manejará cada vez mejor los dedos. Será capaz de sujetar un rotulador como un cuchillo, intentará pintarlo todo y le gustará coger cosas pequeñas. Éste es un buen momento para darle alimentos que pueda agarrar con la mano. Y no te olvides de la cuchara, porque cada día comerá mejor solo.

Además pondrá en práctica su capacidad cognitiva cuando intente resolver problemas, descubrir cómo funcionan las cosas y explorar el mundo que le rodea. Con un año, o antes, pronunciará su primera palabra, y poco después hablará como una cotorra. Si quieres mejorar su capacidad receptiva y expresiva haz muchos juegos de palabras y habla con él todo lo que puedas para ampliar su vocabulario.

Tu hijo tiene un fuerte sentido de su identidad y sabe lo que significa «mío». No lo hace por egoísmo, sino porque está intentando averiguar qué papel desempeña en su entorno. Utiliza su nombre con frecuencia, cuelga sus obras de arte en el frigorífico, dale un espejo para que se mire y observa el cariño que tiene a un muñeco especial. A esta edad a los niños les gusta jugar con amigos, y conviene que tengan compañeros de juegos. Por otra parte las emociones de tu hijo son cada vez más intensas, y será capaz de sentir tristeza, alegría, ira, vergüenza y celos. Deja que exprese sus sentimientos y ayúdale a manifestarlos.

No le pierdas de vista. Tu bebé no puede parar quieto y está deseando jugar contigo a algunos de estos juegos más complejos.

GRABACIÓN

Tu hijo no tardará en hablar, pero antes de que comience puedes grabar esos ruiditos tan graciosos que hace ahora para que los escuche cuando crezca.

Materiales:
- Una grabadora y una cinta
- Una sillita

Aprendizaje:	• Desarrollo del lenguaje • Capacidad auditiva • Identidad • Vocalización

Instrucciones:
1. Pon una cinta virgen en la grabadora.
2. Acomoda al niño en su sillita y siéntate junto a él.
3. Conecta la grabadora y habla, haz ruidos con la boca y vocaliza de distintas maneras para que tu hijo te conteste.
4. Haz una pausa de vez en cuando para que tenga la oportunidad de responderte.
5. Después de que los dos hayáis hecho ruiditos divertidos apaga la grabadora y pon la cinta para escucharla juntos.
6. Guarda la cinta y vuelve a ponerla cuando sea mayor. (Quizá en presencia de su novio o novia.)

Variación: Pon una canción infantil y cántala. Anima a tu hijo a cantar contigo y graba el dúo para escucharlo después.

Seguridad: No pongas la grabación muy alta para proteger sus oídos.

CASCABELES

En esta versión musical del escondite tu hijo tiene que buscar unos cascabeles. Es muy fácil; lo único que debe hacer es escuchar cómo suenan para descubrir dónde están escondidos.

Materiales:

- Un juguete blando con un cascabel dentro o una pulsera de cascabeles
- Varios objetos para esconderlos, por ejemplo cojines, juguetes blandos y mantas

Aprendizaje:	• Causa y efecto • Desarrollo cognitivo • Capacidad auditiva

Instrucciones:

1. Busca un juguete con un cascabel o haz una pulsera con cascabeles. (Los grandes son más seguros y más fáciles de agarrar.)
2. Pon al niño en el suelo rodeado de objetos que puedan servir de escondite: cojines, juguetes blandos y mantas.
3. Mueve los cascabeles para que los vea y los oiga.
4. Escóndelos en uno de los escondites.
5. Pregunta a tu hijo: «¿Dónde están los cascabeles?».
6. Levanta los objetos uno a uno. Cuando levantes el que has elegido como escondite muévelo, pero no dejes que el niño vea los cascabeles.
7. Observa cómo cambia la expresión de tu hijo al oír los cascabeles.
8. Sácalos y di «Aquí están».
9. Vuelve a jugar utilizando otro escondite.

Variación: Esconde los cascabeles por la habitación y ponte a gatas para buscarlos. Hazlos sonar cuando te acerques a ellos para que el niño los encuentre.

Seguridad: Asegúrate de que los cascabeles están bien cosidos a la cinta para evitar que tu hijo se los trague.

LUCIÉRNAGA

Cuando tu hijo tenga más movilidad le gustará jugar a perseguir cosas. Con este juego conseguirás que se mueva para intentar coger la «luciérnaga» de la pared.

Materiales:
- Un trozo de cartón
- Unas tijeras
- Una linterna
- Cinta adhesiva
- Una habitación oscura

Aprendizaje:	• Causa y efecto • Locomoción y coordinación • Control motriz

Instrucciones:
1. Recorta en el cartón la silueta de una luciérnaga un poco más pequeña que la pantalla de la linterna.
2. Pega la silueta en la linterna con cinta adhesiva.
3. Siéntate con el niño en el suelo y apaga la luz.
4. Enciende la linterna e ilumina con ella la pared.
5. Mueve la luz por la pared despacio para atraer la atención de tu hijo.
6. Dile que coja la luciérnaga que anda por la pared.
7. Mueve despacio la luz cuando se acerque a ella e intente cogerla.

Variación: Deja que tu bebé «coja» la luciérnaga de vez en cuando apagando un momento la linterna, y después ilumina otra zona para que aparezca otra luciérnaga. Deja que él también maneje la linterna.

Seguridad: Tranquilízale si le asusta la oscuridad.

DEDITOS

A esta edad tu hijo aprenderá a controlar tanto los músculos largos como los cortos, sobre todo los de los dedos. Juega con él a los deditos y pasará un rato estupendo.

Materiales:
- Un guante de punto de un tono claro
- Rotuladores permanentes
- Unas tijeras

Aprendizaje:	• Desarrollo de la motricidad fina
	• Desarrollo del lenguaje
	• Interacción social

Instrucciones:
1. Busca un guante limpio, de un tono claro, que se te ajuste bien a la mano.
2. Dibuja caras divertidas en las puntas de los dedos con rotuladores permanentes. Pueden representar a quien quieras: a papá y mamá, al bebé y sus hermanos, a otros parientes, a las mascotas de la familia.
3. Corta los dedos de los guantes con unas tijeras.
4. Ponte los deditos en las manos y monta un espectáculo de marionetas con juegos y canciones como ésta:

> *Hola, don Pepito* (un pulgar saluda al otro).
> *Hola, don José* (el otro le devuelve el saludo).
> *¿Pasó usted por mi casa?*
> *Por su casa yo pasé.*
> *¿Vio usted a mi abuela?*
> *A su abuela yo la vi.*
> *Adiós, don Pepito.*
> *Adiós, don José* (los dos desaparecen).
> (Repite la canción con el resto de los dedos utilizando los nombres de los miembros de la familia, por ejemplo papá, mamá, el bebé o sus hermanos.)

Variación: Ponle a tu hijo los deditos y deja que los examine.

Seguridad: No dejes que se lleve las marionetas a la boca; podría atragantarse con ellas.

PELO, PIES Y NARIZ

Juega a este sencillo juego con tu hijo para que conozca mejor su cuerpo. Se lo pasará en grande buscando los pies y la nariz, y puedes incluir otras partes del cuerpo añadiendo más estrofas.

Materiales:
- Una sillita o el suelo
- Tu voz

Aprendizaje:	• Desarrollo de las motricidades fina y gruesa • Conocimiento del cuerpo • Desarrollo del lenguaje

Instrucciones:
1. Ponle a tu hijo sólo un pañal.
2. Colócale en el suelo o en su sillita y siéntate enfrente de él.
3. Canta esta canción y lleva su dedo a la parte del cuerpo correspondiente.

Pon el dedo en el aire
Pon el dedo en el aire, en el aire,
pon el dedo en el aire, en el aire,
pon el dedo en el aire y después ponlo en el pelo,
en el pelo, en el pelo póntelo.
Ponte el dedo en la nariz, en la nariz,
ponte el dedo en la nariz, en la nariz,
ponte el dedo en la nariz y después ponlo en los pies,
en los pies, en los pies póntelo.
(Repítelo con el brazo/la pierna, la mejilla/la barbilla,
los labios/las caderas, el cuello/la espalda.)
Ponte el dedo en el dedo, en el dedo,
ponte el dedo en el dedo, en el dedo,
ponte el dedo en el dedo y después en el regazo,
y al final de la canción da un palmetazo.

Variación: Sustituye el dedo por el codo, la rodilla u otra parte del cuerpo.

Seguridad: Juega despacio para que tu hijo se divierta y no se haga daño.

CUENCOS

En esta etapa tu bebé intentará averiguar cómo funcionan las cosas. Dale varios cuencos para que ponga en práctica su habilidad manual mientras tú le preparas la comida.

Materiales:
- Tres o más cuencos de plástico de diferentes tamaños que encajen uno dentro de otro
- Un recipiente de plástico cuadrado o rectangular

Aprendizaje:	• Causa y efecto • Desarrollo cognitivo • Desarrollo de las motricidades fina y gruesa • Seriación: poner cosas en orden

Instrucciones:
1. Pon tres o más cuencos de plástico en el suelo de la cocina, uno dentro de otro, y deja a un lado un recipiente cuadrado o rectangular.
2. Sienta al niño en el suelo junto a los cuencos.
3. Enséñale a sacarlos y a encajarlos de nuevo de acuerdo con su tamaño.
4. Dale tiempo para que examine los cuencos, averigüe cómo van e intente encajarlos.
5. Cuando lo consiga, sepáralos y añade el recipiente cuadrado al repertorio. Observa qué hace con él.

Variación: Si quieres puedes comprar un juego de bloques en una juguetería. Para añadir un elemento sorpresa, dale a tu hijo unas muñecas rusas, de modo que cada vez que levante una encuentre otra dentro. También puedes hacer una versión casera de este juego con cajas de distintos tamaños.

Seguridad: No le des al niño objetos de vidrio o de metal con los que se pueda hacer daño. Si utilizas muñecas de madera ten cuidado de que no las rompa, se clave una astilla o se las meta en la boca.

CARRERA DE OBSTÁCULOS

Durante este periodo tu hijo comenzará a gatear, luego aprenderá a andar y después no habrá quien le pare. Organiza una carrera de obstáculos para que ponga en práctica su capacidad para resolver problemas.

Materiales:
- Obstáculos pequeños: cojines, mantas, muñecos de peluche, bloques, cajas, sillas, mesas

Aprendizaje:	• Ejercicio y coordinación • Desarrollo de la motricidad gruesa • Resolución de problemas

Instrucciones:
1. Prepara una pista de obstáculos con objetos pequeños, blandos y fáciles de manejar a lo largo de un pasillo o una habitación pequeña.

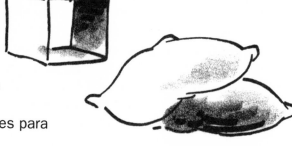

   - Pon una fila de cojines para que tu hijo trepe por ellos.
   - Extiende una manta en el suelo para que gatee.
   - Pon una pila de muñecos de peluche para que trepe por encima.
   - Haz una pequeña barricada de bloques para dificultar el paso.
   - Pon unas cajas grandes, abiertas por los extremos, para formar túneles.
   - Coloca una silla o una mesa pequeña boca abajo en mitad del recorrido.
2. Deja al niño en un extremo del pasillo y ponte al otro lado de modo que pueda verte.
3. Llámale y dile que vaya arrastrándose, gateando o andando de un extremo a otro.
4. No dejes de animarle. Si tiene problemas para superar los obstáculos dale pistas verbales y físicas. Mueve los obstáculos si se queda atascado en algún punto.
5. Cuando llegue al otro extremo felicítale.

Variación: Cuando complete el recorrido coloca los obstáculos de otra manera para jugar de nuevo. Pon pocos obstáculos al principio y aumenta la dificultad a medida que tu hijo crezca. Incluye obstáculos que tenga que tirar, estrujar, trepar y esquivar.

Seguridad: No utilices objetos con esquinas o bordes afilados, sobre todo si el niño va a tocarlos. (Por ejemplo, puedes usar una silla o una mesa si tiene que pasar por debajo, no por encima.)

SOPLIDOS

Ya es hora de que tu hijo se vaya preparando para apagar su primera vela de cumpleaños. Con este juego hará prácticas y se lo pasará en grande.

Materiales:
- Objetos pequeños que se puedan soplar con facilidad: una bola de algodón, una pluma, un trozo de papel, un copo de cereal, la hoja de una planta
- Una pajita de plástico
- Una trona

Aprendizaje:	• Causa y efecto • Propiedades físicas • Control de la boca y la respiración

Instrucciones:
1. Sienta al niño en la trona.
2. Pon uno de los objetos en la bandeja.
3. Sóplalo para que tu hijo vea cómo se mueve.
4. Deja que te imite.
5. Cuando consiga soplar uno de los objetos ponle otro para que lo intente de nuevo.
6. Después dale una pajita, enséñale cómo se usa y deja que sople un objeto a través de ella.

Variación: Pon la pajita en un vaso de leche y enséñale a hacer burbujas. O haz una competición de soplidos: Siéntate enfrente de tu hijo y sopla un objeto hacia él para que te lo devuelva. Seguid soplando hasta que el objeto salga de la bandeja.

Seguridad: Ten cuidado para evitar que se trague los objetos pequeños.

TIRAR-EMPUJAR

Dale a tu hijo juguetes para empujar y tirar para que pueda apoyarse en algo mientras aprende a controlar las piernas. Estará tan concentrado en ellos que se mantendrá en pie y andará solo sin darse cuenta.

Materiales:
- Para empujar: una segadora de juguete, un carrito de compra pequeño o un coche de muñecas
- Para tirar: un carrito, un juguete móvil con una cuerda o un animal de peluche con correa
- Una zona despejada

Aprendizaje:	• Causa y efecto • Exploración • Desarrollo de la motricidad gruesa • Independencia

Instrucciones:
1. Busca varios juguetes para que tu bebé los empuje o tire de ellos. Puedes comprarlos o hacerlos tú mismo con un poco de ingenio.
2. Despeja una zona amplia, a ser posible sin alfombras para que no haya obstáculos.
3. Puesto que empujar es más fácil que tirar, dale primero un juguete para que lo empuje. Ponle las manos en las asas y ayúdale un poco hasta que pueda hacerlo solo.
4. Cuando haya jugado un rato con los juguetes de empujar dale los otros para que tire de ellos. Si aún se apoya en los muebles para andar, ponle el asa del juguete en la mano y enséñale a moverse apoyándose en los muebles o en ti.

Variación: Si tu hijo no sabe andar todavía, ponle las manos en las asas de los juguetes y muévete con él. Para tirar, átale una cuerda alrededor de la cintura, sujeta un muñeco de peluche en el otro extremo y deja que lo arrastre mientras gatea.

Seguridad: Vigila a tu bebé por si acaso se cae, pero no le protejas en exceso para que pueda descubrir lo que es capaz de hacer con su cuerpo y con los nuevos juguetes.

TOBOGÁN

Antes de andar tu hijo hará acrobacias con su cuerpo para controlar las piernas, mantener el equilibrio y coordinar sus movimientos. Hazle un tobogán para poner a prueba sus habilidades.

Materiales:
- Una caja de cartón grande
- Unas tijeras
- Un sofá, cojines y una alfombra
- Cinta adhesiva

Aprendizaje:	• Equilibrio y coordinación • Causa y efecto • Desarrollo de la motricidad gruesa

Instrucciones:
1. Abre una caja de cartón y córtala en trozos largos. Dobla el cartón para que el tobogán sea más resistente y pega los bordes con cinta adhesiva.
2. Pon un extremo del tobogán en el asiento del sofá y sujétalo con cinta adhesiva para que no se mueva.
3. Refuerza la parte inferior del tobogán con cojines.
4. Coloca otro cojín en la base para que el niño caiga sobre algo blandito.
5. Ponle en la parte de arriba del tobogán y deja que se deslice hacia abajo sin dejar de agarrarle.
6. Repite el juego, sujetándole, hasta que quiera intentarlo sin tu ayuda.

Variación: Haz un tobogán con un plástico para poder usarlo muchas veces.

Seguridad: No pierdas de vista a tu hijo mientrás esté en el tobogán.

ESPAGUETIS

A los niños les encanta tocar, aplastar y comer cualquier cosa que tenga una textura especial. Con esta actividad tu hijo podrá disfrutar de sus sentidos mientras aprende a comer.

Materiales:
- Espaguetis cocidos
- Una trona

Aprendizaje:	• Desarrollo de la motricidad fina • Autonomía • Exploración sensorial: textura, tacto y temperatura

Instrucciones:
1. Sienta al niño en la trona.
2. Echa en la bandeja un puñado de espaguetis a temperatura ambiente (sin salsa).
3. Deja que tu bebé examine los espaguetis. Intentará cogerlos, aplastarlos, estrujarlos y romperlos, y por último se los meterá en la boca.
4. Si comienza a tirar los espaguetis dile que los eche en la bandeja.

Variación: Utiliza diferentes tipos de pasta: macarrones, lazos, tallarines, *rigatoni* o láminas de lasaña.

Seguridad: Vigila a tu hijo para que no se meta demasiada comida a la boca.

ESPONJAS

Jugar en el agua es divertido a cualquier edad. Utiliza unas esponjas de colores con formas diferentes para que la hora del baño resulte más entretenida. Son muy fáciles de hacer.

Materiales:
- Varias esponjas de colores
- Unas tijeras
- Una bañera

Aprendizaje:	• Formas y colores • Estimulación sensorial • Interacción social

Instrucciones:
1. Recorta en las esponjas formas sencillas: círculos, cuadrados, rectángulos y triángulos.
2. Llena la bañera con agua templada y mete en ella al niño.
3. Echa las esponjas en el agua y deja que las examine.
4. Al cabo de un rato coge una esponja y apriétala contra la pared de la bañera. Cuando se escurra el agua se quedará pegada como por arte de magia.
5. Adhiere más esponjas a la pared de la bañera para que tu hijo las despegue.
6. Háblale de las formas de las esponjas mientras juega con ellas.

Variación: Recorta en las esponjas siluetas de animales o letras del alfabeto.

Seguridad: No dejes al niño solo en la bañera, y asegúrate de que la temperatura del agua es agradable en todo momento.

JUGUETES ADHESIVOS

Ahora que tu hijo tiene una gran habilidad para coger sus juguetes puedes ponérselo un poco más difícil, con objeto de que desarrolle su capacidad para resolver problemas.

Materiales:
- Papel adhesivo transparente
- Varios juguetes pequeños

Aprendizaje:	• Causa y efecto • Desarrollo de las motricidades fina y gruesa • Resolución de problemas

Instrucciones:
1. Corta un trozo de papel adhesivo de unos sesenta centímetros.
2. Despega la capa protectora.
3. Coloca el papel en el suelo con el lado adhesivo hacia arriba.
4. Pon sobre el papel juguetes pequeños: un bloque, un muñeco de plástico, un cuento de cartón, una pieza de un rompecabezas.
5. Sienta al niño en el suelo junto a los juguetes.
6. Intenta separar un juguete del papel y finge que no puedes para que te ayude.
7. Observa cómo reacciona y cómo intenta averiguar qué sucede.

Variación: Sienta a tu hijo en su silla alta y pon en la bandeja, sobre el papel, pasas, cereales o crackers para que intente cogerlos. Cuando lo consiga déjale que juegue con el papel adhesivo.

Seguridad: Vigila al niño para que no se tape la cara con el papel. Si tiene problemas ayúdale para que no se sienta frustrado, y enséñale a despegar los juguetes del papel.

JUEGO DE MAGIA

Mientras puedas seguir sorprendiendo a tu hijo haz este juego para mantenerle intrigado. ¿De dónde saldrán todas esas cosas?

Materiales:
- Varios pañuelos o corbatas
- Una camiseta de adulto grande

Aprendizaje:	• Causa y efecto • Permanencia de los objetos • Interacción social

Instrucciones:
1. Ata varios pañuelos o corbatas para formar una tira larga.
2. Ponte una camiseta grande.
3. Enrolla las corbatas o los pañuelos y métdelos dentro de la camiseta con uno de los extremos colgando del cuello.
4. Acomoda al niño en su sillita o en el suelo y siéntate enfrente de él.
5. Enséñale el extremo del pañuelo o la corbata y comienza a sacarlo.
6. Cuando tenga la largura suficiente para que tu hijo lo agarre, dáselo y anímale a que siga tirando. Échale una mano si necesita ayuda.
7. Cuando saque toda la tira comienza de nuevo.

Variación: Ponle al niño una camiseta grande y mete dentro la tira de corbatas. Saca un extremo por debajo y sigue tirando o deja que lo haga él. Esta vez notará la sensación que producen las corbatas al ir saliendo.

Seguridad: Vigila a tu bebé en todo momento para que no se le enrede la tira de corbatas alrededor del cuello.

VIAJE SENSORIAL

Lleva a tu hijo al país de los materiales y deja que explore el maravilloso mundo de las texturas. Mientras gatea por este territorio ampliará sus horizontes y estimulará sus sentidos.

Materiales:

- Varios tejidos y materiales, por ejemplo una toalla de felpa, una lámina de plástico, un trozo de piel sintética, un abrigo de lana, un camisón de seda, papel de aluminio, un trozo de papel encerado, una huevera de cartón, una funda de colchón, una bolsa grande de papel, cartón corrugado
- Una zona despejada

Aprendizaje:	• Capacidad cognitiva y de clasificación • Exploración sensorial: textura, tacto y temperatura • Desarrollo de la motricidad gruesa

Instrucciones:

1. Busca en el suelo una zona amplia y extiende en ella los materiales para cubrirla entera si es posible. Combina texturas que contrasten para que la experiencia sea más interesante.
2. Deja al niño en el borde de la zona cubierta y ponte al otro lado.
3. Anímale a que la cruce a gatas para llegar donde estás tú. Observa cómo reacciona al notar las diferentes texturas.

Variación: Envuelve a tu hijo con los tejidos y los materiales y deja que toque cada uno de ellos antes de ponerle otro. Háblale de las texturas mientras juega.

Seguridad: No le dejes solo con los materiales. Si se los mete en la boca podría ahogarse.

MUECAS

Con este juego acabaréis riendo a carcajadas. Y tu hijo aprenderá muchas cosas mientras tú haces muecas divertidas. El único problema es que debes tener cuidado para que no se te quede así la cara.

Materiales:
- Un rollo de esparadrapo o tiritas transparentes
- Un espejo

Aprendizaje:	• Expresión emocional • Sentido del humor • Interacción social • Conciencia del tacto y del cuerpo

Instrucciones:
1. Coloca un espejo contra una pared para que el niño pueda verse mientras juega.
2. Siéntate, con él en tu regazo, enfrente del espejo.
3. Coge un trozo de esparadrapo de unos treinta centímetros.
4. Haz una mueca divertida delante del espejo y ponte el esparadrapo en la cara para fijar la expresión. Si quieres, puedes utilizar varios trozos para mantener la boca torcida, las cejas levantadas, la nariz chata o los párpados caídos.
5. Mira a tu hijo en el espejo y di algo gracioso que tenga que ver con la mueca.
6. Dale la vuelta para que pueda verte y comienza a quitarte el esparadrapo de la cara. Déjale que agarre los trozos y los despegue.
7. Repite el juego haciendo muecas diferentes.

Variación: Después de hacer una serie de muecas ayúdale a él a poner un par de caras divertidas. O pégale en los brazos o en las piernas trocitos de esparadrapo y deja que se los quite.

Seguridad: Si tu hijo se asusta con las muecas, no dejes de hablarle mientras juguéis para que sepa que eres tú. Si le pones esparadrapo en la cara hazlo con cuidado y no le tapes los ojos, la nariz ni la boca. Despega el esparadrapo con suavidad y no le pierdas de vista para que no se lo trague.

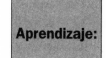
FLOTADOR

Los niños comienzan a gatear y a trepar más o menos al mismo tiempo. Con este juego practicará sus nuevas habilidades y aprenderá a mover mejor las piernas.

Materiales:
- Un flotador grande

Aprendizaje:	• Exploración • Desarrollo de la motricidad gruesa • Resolución de problemas

Instrucciones:
1. Coloca el flotador en medio de una habitación.
2. Pon al niño dentro del flotador.
3. Deja que lo examine e intente salir.
4. Cuando lo consiga felicítale. Deja que pase un rato examinando las propiedades del flotador.

Variación: Dale varios flotadores para que los examine. Para aumentar la dificultad del juego, pon uno encima de otro para que tu hijo salga trepando por encima.

Seguridad: Si el flotador tiene una válvula hacia fuera, tápala con cinta adhesiva para que tu hijo no se haga daño. Si se asusta dentro del flotador enséñale a salir. Luego deja que lo examine un rato antes de intentarlo de nuevo.

PASEO A GATAS

Andar a gatas es toda una aventura para tu hijo, que además le permite descubrir un mundo nuevo mientras explora su entorno. Hazle un túnel con obstáculos para que la experiencia sea aún más emocionante.

Materiales:
- Tres cajas de cartón por las que tu hijo pueda pasar con facilidad
- Unas tijeras
- Cinta adhesiva
- Muñecos de peluche, cojines o una manta

Aprendizaje:	• Exploración • Desarrollo de la motricidad gruesa • Resolución de problemas

Instrucciones:
1. Corta las solapas de las tres cajas y únelas con cinta adhesiva para formar un túnel.
2. Pon el túnel en mitad de la habitación.
3. Utiliza muñecos de peluche, cojines o una manta para crear obstáculos en el túnel (la manta hará que el suelo resbale un poco).
4. Pon al niño en un extremo del túnel y vete hacia el otro lado.
5. Asoma la cabeza por el túnel y llama a tu hijo para que vaya gateando hacia ti. Si no quiere entrar en el túnel intenta convencerle enseñándole un juguete.
6. Anímale mientras pasa de un extremo a otro.
7. Repite el juego y deja que explore la superficie del túnel.

Variación: Cuando tu bebé esté familiarizado con el túnel pon una manta en cada extremo para que averigüe cómo puede salir.

Seguridad: Si le da miedo entrar en el túnel no le fuerces. Déjalo en la habitación un rato para que se vaya acostumbrando a la idea e inténtalo de nuevo. Si se pone nervioso con las mantas quítalas.

99

TORRES

Cuando tu hijo aprenda a construir torres se lo pasará en grande derribándolas. Ayúdale a apilar bloques para que pueda tirarlos.

Materiales:
- Bloques grandes de juguete o cartones de leche rectangulares
- Papel adhesivo de colores (opcional)
- Una zona despejada

Aprendizaje:	• Causa y efecto • Capacidad cognitiva • Desarrollo de la motricidad fina • Resolución de problemas

Instrucciones:

1. Compra unos bloques grandes o hazlos tú mismo: reúne varios cartones de leche, lávalos bien y corta los extremos. Dóblalos hacia dentro para formar cuadrados y rectángulos y pégalos con cinta adhesiva. Si quieres puedes forrar las cajas con papel adhesivo de colores.
2. Pon al niño en el suelo con los bloques a su alrededor.
3. Enséñale a construir una torre apilando los bloques y anímale a que te ayude.
4. Cuando la torre sea lo bastante alta deja que la derribe.
5. Sigue haciendo torres hasta que se canse de jugar.

Variación: En vez de bloques puedes apilar juguetes, libros, cajas o cualquier otra cosa que te parezca apropiada.

Seguridad: Si utilizas otros objetos asegúrate de que pesen poco para que no le hagan daño a tu hijo al caer.

CREMALLERAS Y CORCHETES

Muy pronto tu hijo hará muchas cosas por sí mismo. Con este divertido juego aprenderá a vestirse y se divertirá de lo lindo.

Materiales:
- Varias prendas con cierres diferentes: botones, cremalleras, corchetes, lazos y velcro
- Tu cuerpo
- Una sillita

Aprendizaje:	• Anticipación y sorpresa • Causa y efecto • Desarrollo de la motricidad fina • Autonomía para vestirse

Instrucciones:
1. Busca varias prendas con cierres de distinto tipo.
2. Póntelas una encima de otra.
3. Acomoda al niño en su sillita y siéntate enfrente de él.
4. Enséñale tu atuendo y comienza a quitarte la primera prenda. Deja que te ayude a abrir el cierre. Pon cara de sorpresa cuando termines.
5. Continúa hasta que te hayas quitado todas las prendas.

Variación: Ponle a tu hijo varias prendas y quítaselas una a una. O utiliza un muñeco grande para que le podáis quitar la ropa juntos.

Seguridad: Ayúdale a abrir los cierres para evitar que se sienta frustrado.

DE DOCE A DIECIOCHO MESES

Esta etapa es decisiva para tu bebé. Ahora es capaz de comunicarse con palabras sencillas y de ir de un lado a otro sin demasiada ayuda. Y a medida que desarrolle sus habilidades aumentará su capacidad de atención y la necesidad de afrontar nuevos retos.

Físicamente se moverá por toda la casa, unas veces tambaleándose y otras a toda velocidad. Aunque se caiga de vez en cuando y se dé unos cuantos golpes no debes limitar sus movimientos; recuerda que necesita explorar su entorno con todo su cuerpo. Si le proteges en exceso durante este periodo no tendrá la oportunidad de practicar su capacidad motriz. Pero sí conviene que le vigiles, porque se escapará en cuanto te des la vuelta.

También es conveniente que le dejes pintar dibujos, comer solo e incluso comenzar a vestirse. De este modo ahorrarás tiempo a largo plazo, y conseguirás que tenga confianza en sí mismo y mejore su autoestima.

Por otra parte iniciará la fase de experimentación. Cuando haga cosas aparentemente absurdas, como pisar un caracol o echar la leche en el plato o en suelo, lo más probable es que esté explorando su entorno. Si intentas ponerte en su lugar verás el mundo desde su perspectiva. Te resultará muy útil, porque a esta edad los niños son muy egocéntricos y les cuesta comprender lo que piensan los demás.

Haz todo lo posible para ampliar su vocabulario —a esta edad son como una esponja— pero siempre dentro de un contexto, por ejemplo cuando le lleves al zoo, vayas de compras o le cambies la ropa. No hagas carteles ni le obligues a repetir términos. Y no te preocupes si pronuncia mal las palabras. Dile cómo debería pronunciarlas, pero deja que aprenda a hablar sin corregirle ni interferir demasiado en el proceso.

A medida que desarrolle su capacidad social dará cada vez más importancia a los amigos. Muy pronto aprenderá a compartir, a confraternizar con otros niños y a tener un apego especial por una persona ajena a la familia inmediata. Los muñecos y otros objetos le ayudarán a representar distintas situaciones y a manifestar sus emociones.

Cuando exprese sus sentimientos ayúdale a verbalizarlos. Si aprende a expresar sus emociones con palabras dominará mejor sus reacciones. En este periodo comenzará a controlar su comportamiento, pero no esperes que cambie de la noche a la mañana, porque pasará mucho tiempo hasta que lo consiga.

Tu bebé está dispuesto a todo, así que ponte en marcha e intenta seguir su ritmo.

CASITA

Ya es hora de que tu hijo tenga su propia casa para que comience a desarrollar el sentido de la independencia. Con el tiempo, cuando tenga más imaginación, se convertirá en un fuerte, una cueva o una nave espacial.

Materiales:
- Una mesa pequeña o una caja de cartón grande
- Una sábana o una manta
- Una zona despejada
- Una linterna

Aprendizaje:	• Capacidad cognitiva-mental • Imaginación y creatividad • Identidad y separación • Relaciones espaciales

Instrucciones:
1. Pon una mesa pequeña en medio de una habitación.
2. Cubre la mesa con una sábana o una manta para hacer una casa.
3. Dobla hacia atrás una esquina para formar el hueco de la puerta.
4. Entra en la casita con tu hijo.
5. Cierra la puerta para disfrutar de vuestro nuevo espacio.
6. Cuando se encuentre cómodo déjale solo dentro de su casa.
7. Si está un poco oscura dale una linterna.

Variación: Dibuja ventanas, cuadros y otros detalles en la sábana o en la caja para que la casa parezca más auténtica. Deja que tu bebé coloque dentro juguetes, cojines o una silla pequeña.

Seguridad: Asegúrate de que no le da miedo entrar solo en la casa. Deja una esquina abierta si no le gusta que esté todo cerrado.

ARTE CORPORAL

A medida que tu hijo crezca le interesará cada vez más su cuerpo. La hora del baño es una ocasión estupenda para iniciarle en el arte del diseño corporal.

Materiales:
- Pintura corporal, sin sustancias tóxicas, de diferentes colores
- Una bañera

Aprendizaje:	• Creatividad • Conocimiento del cuerpo • Estimulación sensorial

Instrucciones:
1. Llena la bañera con agua templada.
2. Mete dentro al niño y deja que se acostumbre al agua.
3. Abre un tubo de pintura y ponle un poco en los brazos.
4. Extiende el color con los dedos y anímale a que te imite.
5. Aplícale otros colores en las manos, las piernas, los pies, el cuello y los hombros.
6. Deja que se extienda la pintura y luego quítasela para jugar de nuevo.

Variación: Métete en la bañera con tu hijo y deja que extienda la pintura por tu cuerpo.

Seguridad: Asegúrate de que la pintura que utilices no sea tóxica. No se la apliques en la cara, y si intenta frotársela no le pongas pintura en las manos.

CARRERAS DE COCHES

Tu hijo está ya preparado para dar una vuelta en su propio coche. Lo único que necesitas para este juego es una caja grande, un poco de pintura y mucha imaginación.

Materiales:
- Una caja de cartón en la que quepa tu hijo
- Pinturas o rotuladores
- Un trozo de cuerda de un metro
- Una zona despejada

Aprendizaje:	• Desarrollo de la motricidad gruesa • Imaginación y simulación • Capacidades sociales

Instrucciones:
1. Quita la tapa y el fondo de la caja y deja intactos los laterales.
2. Utiliza pinturas o rotuladores para pintar en la caja los accesorios del coche: las puertas, los faros delanteros y traseros, el radiador, las ruedas. Si quieres puedes dibujar una cara en la parte frontal. Deja que el niño te ayude con la decoración.
3. Haz dos agujeros a los lados de la caja para que tu hijo meta por ellos las manos y pueda agarrarla bien.
4. Déjale que entre el coche y corra por la habitación como si estuviera conduciendo.

Variación: Ata dos trozos de cuerda en sentido longitudinal para que tu hijo lleve la caja sobre los hombros y no tenga que sujetarla. Decórala como si fuera un animal.

Seguridad: Pon cinta adhesiva en los bordes de la caja para que pueda agarrarla con más facilidad.

CAJAS

Con esta versión de la caja sorpresa mantendrás a tu hijo entretenido e intrigado. Prepara algo especial para el final del juego para que la espera merezca la pena.

Materiales:
- Cajas de distintos tamaños
- Un juguete pequeño o un regalo

Aprendizaje:	• Permanencia de los objetos
	• Resolución de problemas
	• Clasificación, seriación

Instrucciones:
1. Busca varias cajas que quepan una dentro de otra. Intenta conseguir todo tipo de tamaños.
2. Pon un regalo o un juguete especial en la más pequeña para que tu hijo lo descubra al final del juego.
3. Cierra la caja pequeña y ponla en otra más grande.
4. Sigue encajando las cajas hasta llegar a la de mayor tamaño.
5. Lleva al niño a la habitación y enséñale la caja.
6. Pregúntale «¿Qué hay dentro?» y ayúdale a abrirla.
7. Cuando vea que hay otra dentro di «Otra caja». Sácala y dile que la abra.
8. Continúa hasta llegar a la caja más pequeña y por último deja que encuentre la sorpresa.

Variación: Dile que intente encajar de nuevo las cajas de acuerdo con su tamaño.

Seguridad: Procura que las cajas se abran con facilidad para evitar que el niño se sienta frustrado.

ESCALADA

Cuando aprenden a manejar las piernas a los niños les encanta trepar por cualquier parte y explorar todo lo que encuentran. Prepara en casa una montaña para que tu hijo haga prácticas.

Materiales:

- Objetos para trepar: cojines gruesos, cajas fuertes, taburetes, sillas
- Mucho espacio para jugar
- Una zona enmoquetada

Aprendizaje:	• Exploración • Desarrollo de la motricidad gruesa • Resolución de problemas

Instrucciones:

1. Coloca los objetos en la zona de juego dejando entre ellos bastante espacio.
2. Lleva a tu hijo a la habitación y enséñaselos.
3. Anímale a que trepe por encima de ellos; échale una mano si necesita ayuda.
4. Cuando se haya subido a todos los objetos, pon varios juntos para que pueda escalarlos todos a la vez.

Variación: Prepara una estructura escalonada para que el niño suba de un cojín a una silla y de ahí al sofá. O forma una barrera con los objetos en el pasillo para que trepe al otro lado.

Seguridad: No le pierdas de vista en ningún momento por si acaso pierde el equilibrio y se cae. Cubre el suelo con mantas para amortiguar la caída.

CINCO LOBITOS

Cuando tu hijo aprenda a controlar los brazos, las manos y por último los dedos puedes jugar a los cinco lobitos para ayudarle a desarrollar la motricidad fina. Muy pronto sus dedos harán exactamente lo que él quiera.

Materiales:

- Rotuladores de distintos colores, no tóxicos
- Tus dedos y los de tu bebé

Aprendizaje:	• Control de la motricidad fina • Desarrollo del lenguaje • Capacidades sociales

Instrucciones:

1. Utiliza unos rotuladores para dibujar caras en los dedos de tu hijo: las de papá, mamá, él y sus hermanos. Si lo prefieres puedes dibujar caras de alegría, tristeza, enfado, sueño y sorpresa.
2. Dibuja en tus dedos unas caras similares.
3. Siéntate enfrente del niño para que podáis veros los dedos.
4. Canta esta canción moviendo los dedos y ayúdale a él a mover los suyos.

Cinco lobitos tiene la loba,
cinco lobitos detrás de la escoba,
cinco crió
y a los cinco los amamantó.

Variación: Canta primero la canción con tus dedos para que vea cómo se juega. Luego pinta las caras en los suyos para que haga lo mismo que tú.

Seguridad: Utiliza rotuladores no tóxicos por si acaso se le ocurre meterse los dedos en la boca.

SÍGUEME

A los niños les encanta este juego. Lo mejor de todo es que está lleno de sorpresas, porque nunca saben hacia dónde van a ir.

Materiales:
- Un muñeco de peluche pequeño
- Un trozo de cuerda de unos dos metros

Aprendizaje:	• Exploración • Desarrollo de la motricidad gruesa • Resolución de problemas • Seguimiento visual

Instrucciones:

1. Busca un muñeco de peluche que le guste a tu hijo.
2. Ata a su alrededor un extremo de la cuerda.
3. Pon el muñeco en mitad de una habitación.
4. Lleva el otro extremo de la cuerda a otra habitación para que el niño no lo vea.
5. Déjale en el suelo cerca del muñeco.
6. Vete a la otra habitación y tira de la cuerda para que el muñeco se mueva y tu hijo intente seguirlo.
7. Sigue tirando de la cuerda para llevarle por toda la casa.
8. Cuando hayáis recorrido todas las habitaciones levanta la cuerda para que vea cuál es el truco.

Variación: Dile a tu pareja que esconda la cuerda y tire de ella mientras tú avanzas con el niño y le dices cosas como «Ahí va» y «Vamos a seguirle».

Seguridad: Evita cualquier obstáculo peligroso para que tu hijo no se haga daño. Intenta vigilarle sin que él te vea para asegurarte de que está bien.

DE LA CABEZA A LOS PIES

Ya es hora de que tu hijo haga un poco de ejercicio al ritmo de una canción. Verás qué bien se lo pasa.

Materiales:
- Pegatinas de colores
- Las partes del cuerpo

Aprendizaje:	• Conocimiento del cuerpo • Desarrollo de la motricidad gruesa • Movimiento y coordinación

Instrucciones:
1. Ponte pegatinas de colores sobre los ojos, en la frente, en las orejas, en la nariz, en los hombros, en las rodillas y en los pies.
2. Haz lo mismo con tu hijo.
3. Canta esta canción tocando las pegatinas de la parte del cuerpo correspondiente.

Cara, hombros, rodillas y pies,
cara, hombros, rodillas y pies.
Ojos y orejas, boca y nariz,
cara, hombros, rodillas y pies.

Variación: En vez de usar pegatinas, dibuja unos puntos con rotuladores no tóxicos. Incluye en la canción otras partes del cuerpo: brazos, piernas, cuello, manos, pies, espalda y trasero.

Seguridad: Recoge todas las pegatinas cuando termines para evitar que tu hijo se las coma. En este sentido son más seguros los rotuladores.

MALABARES

Cuando tu bebé descubra que tiene dos manos se pasará el día cogiéndolo todo. Lánzale unas cuantas cosas al aire para que haga juegos de malabarismo.

Materiales:
- Tres juguetes interesantes fáciles de agarrar

Aprendizaje:	• Coordinación • Desarrollo de la motricidad fina • Resolución de problemas

Instrucciones:
1. Busca tres juguetes vistosos fáciles de agarrar y escóndelos para que no los vea tu hijo. Si son nuevos y no los ha visto nunca, mucho mejor.
2. Sienta al niño en el suelo o déjale de pie.
3. Dale uno de los juguetes y deja que lo examine un rato. (Reserva para el final el más bonito.)
4. Dale otro juguete para que lo coja con la otra mano y observa su reacción. Puede que mantenga agarrados los dos a la vez o que suelte el primero para concentrarse en el segundo.
5. Si tira el primer juguete anímale a recogerlo para que tenga uno en cada mano.
6. Cuando los haya examinado un rato, dale el tercer juguete y observa cómo reacciona. Puede que suelte uno, los dos o que siga agarrándolos e intente coger el nuevo juguete. Deja que haga lo que quiera para resolver el problema.

Variación: Para que el juego resulte más divertido, dale a tu hijo más y más juguetes y observa cómo se van amontonando antes de caerse. Os lo pasaréis en grande.

Seguridad: Asegúrate de que los juguetes son seguros y pesan poco por si acaso se le caen en un pie.

SONIDOS OCULTOS

Ayuda a tu hijo a desarrollar su capacidad auditiva con este apasionante juego. Cuantos más sonidos haya mejor se lo pasará intentando averiguar cuál es su origen.

Materiales:

- Varios objetos que hagan ruido: un cascabel, un sonajero, una bocina, un palito, un muñeco que hable
- Una manta pequeña

Aprendizaje:	• Causa y efecto
	• Capacidad auditiva
	• Resolución de problemas

Instrucciones:

1. Pon los objetos sonoros en fila en el suelo.
2. Tápalos con una manta para que tu hijo no pueda verlos.
3. Sienta al niño en el suelo junto a la manta.
4. Quita la manta y haz que suenen todos los objetos, uno detrás de otro.
5. Vuelve a taparlos.
6. Levanta un poco la manta y haz sonar uno de los objetos.
7. Luego destápalos todos para que tu hijo descubra cuál ha sonado. Si tiene dudas haz que suenen todos otra vez para ayudarle a reconocer el sonido. Felicítale cuando lo consiga.
8. Tapa los objetos para jugar de nuevo.

Variación: Retira la manta, mira hacia atrás y deja que el niño haga sonar uno de los objetos. Luego date la vuelta y adivina cuál ha sonado.

Seguridad: No utilices objetos con sonidos muy fuertes para que tu bebé no se asuste.

MÚSICA, MAESTRO

Añade otra dimensión a la experiencia motriz de tu hijo y ayúdale a convertirse en un hombre orquesta con un poco de habilidad y unas cuantas campanillas.

Materiales:
- 60 cm de cinta elástica estrecha
- Diez campanillas plateadas o de colores
- Hilo y aguja

Aprendizaje:	• Causa y efecto • Desarrollo de las motricidades fina y gruesa • Capacidad auditiva

Instrucciones:
1. Pon la cinta elástica alrededor de las muñecas y los tobillos de tu hijo, superponiendo los extremos, para marcar las medidas.
2. Cose los extremos de cada trozo para hacer dos muñequeras y dos tobilleras.
3. Cose dos campanillas en cada cinta, una a cada lado.
4. Ponle a tu hijo las cintas en las muñecas y en los tobillos.
5. Muévele los brazos y las piernas para que suenen las campanillas.
6. Dile que ande moviendo los brazos y las piernas para que suenen todas las campanillas.

Variación: Haz un juego de cintas musicales para ti y organiza un desfile de campanillas. Cose unas campanillas en una tira más larga y pónsela a tu hijo en la cintura para completar la orquesta.

Seguridad: Asegúrate de que las campanillas están bien cosidas para evitar que el niño se las trague.

PAPELES

Hay tantas cosas interesantes para explorar que a veces pasamos por alto las más sencillas. Con una simple hoja de papel tu hijo pasará un buen rato haciendo experimentos.

Materiales:

- Papeles de distinto tipo: folios, etiquetas de cartón, papel encerado, papel de aluminio, papel de arroz, papel de colores, papel de envolver
- Una zona despejada

Aprendizaje:	• Capacidad cognitiva • Exploración sensorial • Desarrollo de la motricidad fina

Instrucciones:

1. Prepara varios papeles con diferentes texturas.
2. Sienta al niño en el suelo.
3. Dale una hoja de papel cada vez y deja que examine sus características.
4. Cuando haya examinado todos los papeles enséñale a rasgarlos, a lanzarlos al aire, a doblarlos o a hacer bolas con ellos.

Variación: Recorta siluetas en el papel y utilízalas para hacer cuadros y *collages*.

Seguridad: No dejes al niño solo mientras juegue con el papel por si acaso intenta comérselo.

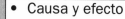

POMPAS DE JABÓN

Cuando tu hijo crea que comprende el mundo que le rodea, sorpréndele de nuevo con este juego. Pero no te preocupes; enseguida se dará cuenta de lo que ocurre y se lo pasará en grande.

Materiales:
- Un bote de agua con jabón
- Una zona amplia para jugar

Aprendizaje:	• Causa y efecto • Exploración • Desarrollo de las motricidades fina y gruesa • Interacción social

Instrucciones:
1. Pon al niño en medio de una habitación grande en la que tenga espacio para moverse.
2. Comienza a hacer pompas de jabón. (Si quieres puedes hacerlas con un limpiapipas: Dobla la punta para formar un círculo pequeño y deja el resto de la varilla recta para sujetarla.)
3. Enseña a tu hijo a perseguir y a explotar las pompas y anímale a que haga lo mismo que tú.

Nota: Algunos niños se ponen nerviosos con este juego e intentan explotar las pompas antes de que las hagas. Ésta es una buena ocasión para enseñar a tu hijo a tener paciencia y a esperar unos segundos antes de que salgan las pompas.

Variación: Enseña a tu bebé a hacer pompas: Ponle la varilla cerca de los labios y dile que sople despacio. Si le cuesta soplar enséñale a mover la varilla en el aire para que se formen las pompas.

Seguridad: Vigila al niño para que no beba el agua con jabón.

PELOTINES

Prepara a tu hijo para las grandes competiciones con una ronda de pelotines (calcetines enrollados). Estas pelotas son perfectas para los pequeños atletas, porque son suaves, fáciles de agarrar y siempre hay unas cuantas a mano.

Materiales:
- Calcetines grandes, tantos como sea posible
- Un cubo grande

Aprendizaje:	• Coordinación óculo-manual • Desarrollo de las motricidades fina y gruesa • Capacidades sociales

Instrucciones:
1. Coge varios pares de calcetines limpios y enróllalos para formar pelotas.
2. Coloca un cubo grande en medio de la habitación.
3. Pon las pelotas en el cubo.
4. Siéntate junto al cubo y pon al niño un poco más lejos. Lánzale las pelotas rodando para que pueda cogerlas.
5. Cuando todas las pelotas estén fuera dile que se ponga de pie y enséñale a lanzarlas en el cubo. Si no tiene buena puntería ponle un poco más cerca y demuéstrale cómo se hace. Felicítale cada vez que enceste.

Variación: Dile que te lance a ti las pelotas en vez de meterlas en el cubo.

Seguridad: Si utilizas pelotas auténticas asegúrate de que sean suaves y fáciles de agarrar.

BANDA DE MÚSICA

A los niños les gusta oír nuevos sonidos, y sobre todo hacer ruidos. Dale a tu hijo la oportunidad de unirse a una banda para que pueda tocar todos los instrumentos.

Materiales:
- Utensilios de cocina que hagan ruido: cazos y cazuelas de aluminio, cuencos de plástico, cucharas de madera, varillas, cajas vacías de cereales, latas vacías, cartones vacíos de leche, cucharas y tarros de semillas o alubias
- El suelo de la cocina

Aprendizaje:	• Causa y efecto • Desarrollo de las motricidades fina y gruesa • Capacidad auditiva • Ritmo y movimiento

Instrucciones:
1. Busca en la cocina varios objetos que hagan ruido y ponlos en el suelo.
2. Sienta al niño en medio de los instrumentos y deja que los examine.
3. Enséñale a moverlos, a dar golpes más o menos fuertes, a repiquetear y a hacerlos rodar para producir diferentes sonidos.
4. Cuando haya jugado un rato con los instrumentos pon música y enséñale a seguir el ritmo.

Variación: Dale a tu bebé instrumentos de juguete: un piano pequeño, una batería, una guitarra, una armónica, un triángulo o unas campanillas.

Seguridad: Asegúrate de que los utensilios de cocina sean seguros y no tengan esquinas o bordes afilados.

CUERDA SORPRESA

Con este juego conseguirás que tu hijo esté entretenido y aprenda algo mientras juega. Y tiene un elemento sorpresa que le mantendrá fascinado un buen rato.

Materiales:
- Cuatro juguetes pequeños
- Cuatro trozos de cuerda o lazo de un metro cada uno
- Cinta adhesiva
- Una trona

Aprendizaje:	• Causa y efecto • Capacidad de atención • Resolución de problemas • Autonomía

Instrucciones:
1. Ata un juguete pequeño en uno de los extremos de cada trozo de cuerda.
2. Sujeta el otro extremo en la bandeja de la silla, en cuatro puntos diferentes, con cinta adhesiva.
3. Pon al niño en la trona y asegura la bandeja.
4. Deja que examine las cuerdas antes de decirle lo que hay que hacer.
5. Al cabo de un rato, si no ha subido ya una cuerda, dile cómo se levanta y pon cara de sorpresa cuando llegue el juguete.
6. Deja que averigüe lo que puede hacer con las otras cuerdas.
7. Cuando haya conseguido los cuatro juguetes quítalos de la bandeja para que siga jugando.

Variación: Ata un trozo de comida a la cuerda, por ejemplo un cracker, y deja que el niño se lo coma cuando logre subirlo a la bandeja.

Seguridad: No le pierdas de vista en ningún momento para evitar que se enrede con la cuerda.

MANOS PARLANTES

Seguro que has oído alguna vez la expresión popular «hablar con las manos». En eso consiste este juego, que ayudará a tu hijo a desarrollar su capacidad verbal. Hablar con un interlocutor original es mucho más divertido.

Materiales:

- Dos calcetines blancos de bebé
- Dos calcetines blancos de adulto
- Rotuladores permanentes de varios colores
- Ojos movibles, lana, tiras de fieltro y otros adornos
- Pegamento o hilo y aguja
- Una sillita o el suelo

Aprendizaje:	• Desarrollo de la motricidad fina • Desarrollo del lenguaje • Interacción social

Instrucciones:

1. Utiliza rotuladores permanentes para pintar en los cuatro calcetines caras de monstruos, animales o marionetas. Dibuja la boca en la zona del talón, la nariz en la punta y los ojos sobre los dedos.
2. Si quieres hacer marionetas tridimensionales cose o pega unos ojos movibles, una boca y una lengua de fieltro, pelo de lana y otros detalles.
3. Sienta al niño en su sillita o en el suelo.
4. Ponle los calcetines pequeños en las manos y ponte tú los grandes.
5. Entabla una conversación entre tus marionetas y las de tu bebé para que hablen de temas interesantes utilizando frases sencillas y palabras nuevas.

Variación: Acomoda a tu hijo en su sillita y monta un espectáculo de marionetas para él.

Seguridad: Asegúrate de que todos los detalles están bien sujetos para evitar que se suelten y acaben en la boca de tu hijo.

SONIDOS TUBULARES

En este periodo tu hijo desarrollará en gran medida su capacidad verbal, y para los dieciocho meses tendrá un vocabulario de unas cincuenta palabras. Con este divertido juego podrá hacer prácticas de vocalización.

Materiales:

- Dos tubos de cartón de papel higiénico o uno de papel de cocina cortado por la mitad
- Rotuladores de varios colores, no tóxicos
- Tu voz

Aprendizaje:	• Vocalización • Desarrollo del lenguaje • Capacidad auditiva

Instrucciones:

1. Decora los tubos de cartón con rotuladores para que tengan un aspecto más divertido. Deja que el niño te ayude.
2. Ponte un tubo en la boca y habla a tu hijo. El sonido debería salir amplificado.
3. Dale a tu hijo el otro tubo para que te imite. Si necesita ayuda para comenzar ponle el tubo en la boca y dile que hable por él.
4. Utiliza el tubo para hacer diferentes sonidos y anímale a que haga lo mismo que tú.

Variación: Haz un megáfono enrollando un trozo de cartón grueso en forma de cono. Pega los bordes con cinta adhesiva y habla por la parte más estrecha. Usa varios tubos y cilindros para producir diferentes sonidos.

Seguridad: Utiliza rotuladores no tóxicos, porque tu hijo se meterá el tubo en la boca. Asegúrate de que los bordes están lisos.

¡HOLA!

PASOS ESCALONADOS

Cuando tu hijo ande sin problemas ponle a prueba con este juego. Verás cómo se divierte intentando superar el reto.

Materiales:
- Una escalera de madera
- Una zona despejada

Aprendizaje:	• Coordinación y equilibrio • Desarrollo de la motricidad gruesa • Resolución de problemas • Percepción visual

Instrucciones:
1. Despeja una zona amplia.
2. Pon la escalera tumbada en el suelo.
3. Deja al niño en un extremo de la escalera y vete hasta el otro lado poniendo los pies entre los peldaños.
4. Cuando llegues al otro lado date la vuelta y llama a tu hijo. Anímale a que vaya andando por la escalera como tú. No le distraigas mientras camine, porque necesita concentrarse en lo que está haciendo.
5. Felicítale cuando consiga llegar y anímale a jugar de nuevo.

Variación: Cuando tu hijo ande con soltura por la escalera pon algunos juguetes entre los peldaños para que los vaya recogiendo.

Seguridad: No utilices una escalera con bordes metálicos; por eso es preferible que sea de madera.

GUSANOS DE GELATINA

Los gusanitos de gelatina son estupendos para invalidar esa antigua norma que dice que no se debe jugar con la comida. ¿Por qué no iba a pasárselo bien tu hijo mientras come?

Materiales:

- Palitos de gelatina de consistencia firme
- Una trona

Aprendizaje:	• Capacidad cognitiva • Exploración • Desarrollo de la motricidad fina • Autonomía para comer

Instrucciones:

1. Prepara la gelatina siguiendo las indicaciones del envase para que tenga una consistencia sólida.
2. Viértela en un recipiente cuadrado y déjala en el frigorífico hasta que se endurezca.
3. Corta la gelatina en tiras finas, de tres por diez centímetros aproximadamente, para que parezcan gusanitos.
4. Sienta a tu hijo en la trona.
5. Echa los gusanitos en la bandeja.
6. Deja que el niño los examine con los dedos y con la boca.

Variación: Mezcla los gusanitos con trocitos de fruta o cosas blanditas para que el juego resulte más divertido.

Seguridad: Asegúrate de que la bandeja de la silla esté limpia. Si añades algo a la gelatina, elige cosas con las que tu hijo no se atragante al comérselas.

DE DIECIOCHO A VEINTICUATRO MESES

Cuando tu hijo comience a andar experimentará una serie de cambios físicos, cognitivos, sociales y emocionales que le ayudarán a afianzar su identidad y a ser más independiente.

Su tripa desaparecerá, sus piernas se alargarán y serán más musculosas, y los deditos rechonchos irán afinándose y adquiriendo cada vez más habilidad para que pueda hacer dibujos y no sólo marcas. Podrá correr, caminar hacia atrás, saltar, escalar, andar en triciclo e incluso patinar y esquiar.

Cuando desarrolle un poco su capacidad lógica comenzará a entender cómo funcionan las cosas. Será capaz de clasificar lo que aprenda, con lo cual accederá a niveles superiores de raciocinio. Cuando comprenda que no todos los animales de cuatro patas son perros y que no todos los hombres son papás ampliará su entorno cognitivo y aumentará su capacidad de aprendizaje.

Por otra parte tendrá un sentido claro de su identidad y será capaz de reconocer su imagen, sus juguetes, la gente más cercana y las cosas que le gustan. Y es posible que se preocupe por su aspecto y quiera elegir su propia ropa.

En el aspecto social estará encantado de tener amigos. Puede que se peleen con frecuencia, pero no tardarán en reconciliarse. Y estará cada vez más dispuesto a compartir sus cosas, aunque aún pasará algún tiempo hasta que comprenda del todo este concepto.

También observarás que controla mejor sus emociones, y que comienza a expresar sus deseos y necesidades con palabras. Por otro lado ampliará su repertorio de emociones, y comenzará a fijarse en los adultos para buscar respuestas emocionales y sociales apropiadas.

En definitiva, tu hijo está dejando de ser un bebé y necesita juegos más avanzados para desarrollar todo su potencial.

ANIMALITOS

Con un poco de ayuda tu hijo podrá aprender a andar como los animales. Lo único que necesitas para este juego son unas cuantas fotografías y mucha imaginación.

Materiales:
- Fotografías de animales
- Música de marcha
- Una zona amplia

Aprendizaje:	• Creatividad e imaginación • Desarrollo de la motricidad gruesa • Identificación y clasificación

Instrucciones:

1. Busca fotografías de animales que tengan una forma de andar característica, por ejemplo un elefante (balanceándose de un lado a otro), un gato (de puntillas), un perro (corriendo), una serpiente (deslizándose), un pato (contoneándose), un ratón (a toda prisa) o una araña (con los brazos y las piernas).
2. Pon música de marcha para que te ayude a inspirarte.
3. Colócate en medio de una zona despejada y enseña a tu hijo la fotografía del primer animal.
4. Comienza a andar como ese animal haciendo los movimientos oportunos.
5. Anima al niño a que te siga.
6. Al cabo de un rato coge otro animal e imita su forma de andar.

Variación: Antes de hacer la demostración deja que tu bebé intente averiguar cómo anda cada animal. O dile que te siga y cambia de paso cada poco tiempo.

Seguridad: Asegúrate de que no hay ningún obstáculo en el suelo para que tu hijo no se tropiece.

BALONCESTO INFANTIL

Además de ser muy divertidos, los juegos de pelota son estupendos para desarrollar la coordinación óculo-manual y la motricidad gruesa. ¿Quién sabe dónde puede llegar tu hijo con un poco de práctica?

Materiales:

- Una pelota grande de plástico o espuma de unos 30 cm de diámetro
- Una cesta o una caja grande en la que quepa bien la pelota
- Una zona amplia

Aprendizaje:	• Coordinación óculo-manual • Desarrollo de la motricidad gruesa • Interacción social

Instrucciones:

1. Pon la cesta contra una pared dentro o fuera de casa.
2. Coloca a tu hijo a unos cuarenta centímetros de la cesta y dale la pelota.
3. Anímale a que la meta en la cesta.
4. Si le resulta demasiado fácil haz que retroceda uno o dos pasos. Si le parece difícil acércalo un poco más.

Variación: Inclina un poco la cesta para que la pelota entre mejor. Haz una marca con cinta adhesiva para que el niño sepa dónde debe colocarse.

Seguridad: Si juegas dentro de casa retira todos los objetos de valor que puedan romperse.

TESORO OCULTO

En esta versión del escondite lo que se esconde es un tesoro, y hay un pirata que da pistas para encontrarlo. Lo más importante es que sea algo que merezca la pena el esfuerzo.

Materiales:
- Un juguete pequeño
- Una habitación para esconderlo

Aprendizaje:	• Capacidad mental y desarrollo cognitivo • Desarrollo del lenguaje • Permanencia de los objetos • Resolución de problemas

Instrucciones:
1. Busca un juguete especial que a tu hijo le haga ilusión encontrar.
2. Escóndelo de forma que se vea un poco para que no le cueste mucho encontrarlo.
3. Lleva al niño a la habitación y dile que has escondido un tesoro.
4. Dale pistas y ve diciéndole «frío» o «caliente».
5. Cuando lo encuentre vuelve a esconderlo hasta que se canse de jugar. O esconde un juguete distinto cada vez para que el juego tenga más emoción.

Variación: Dile al niño que esconda el juguete para que tú lo busques. No lo encuentres demasiado pronto.

Seguridad: Retira cualquier cosa que se pueda romper o con la que tu hijo pueda hacerse daño mientras juega.

GALLETAS

En la cocina tu hijo puede poner en práctica muchas de sus capacidades. Para empezar déjale que te ayude a hacer unas galletas.

Materiales:
- Masa de galletas
- Un rodillo
- Harina
- Moldes de galletas
- Una bandeja de horno
- Fideos de colores
- Un horno

Aprendizaje:	• Capacidad cognitiva • Desarrollo de la motricidad fina • Desarrollo del lenguaje • Ciencias y matemática

Instrucciones:
1. Pon la masa en una superficie enharinada y extiéndela con el rodillo. Deja que el niño te ayude.
2. Dale unos moldes de galletas y enséñale a incrustarlos en la masa.
3. Pon las galletas en una bandeja de horno.
4. Dile a tu hijo que las decore con fideos de colores.
5. Hornea las galletas el tiempo indicado, sácalas y deja que se enfríen.
6. Comedlas con un vaso de leche.

Variación: Dale al niño un bote de azúcar glaseado y deja que haga dibujos en las galletas antes de comérselas.

Seguridad: No le pierdas de vista en ningún momento para evitar que se pinche, se corte o se queme.

CORRE QUE TE PILLO

De vez en cuando tu hijo retrocederá a una fase anterior y aunque sepa andar bien preferirá volver a gatear. Cuando le ocurra ponte a su altura para pasar un buen rato con este juego.

Materiales:

- Cojines, muñecos de peluche, mantas y otros obstáculos blandos
- Una zona amplia

Aprendizaje:	• Control del miedo y la ansiedad • Desarrollo de la motricidad gruesa • Resolución de problemas • Interacción social

Instrucciones:

1. Cubre una zona despejada con obstáculos blandos para que el juego tenga más emoción.
2. Coloca al niño a gatas a un lado de la habitación.
3. Ponte a gatas detrás de él.
4. Dile «Corre que te pillo» y comienza a perseguirle.
5. Anímale a que corra para huir de ti.
6. Sigue persiguiéndole y observa cómo esquiva los obstáculos para escaparse.
7. Cuando se canse de jugar, intercambiad los papeles para que él te persiga a ti.

Variación: Crea una zona de seguridad, por ejemplo con una manta, en la que no puedas pillarle. Cuando esté en esa zona aléjate para que se atreva a salir y luego vuelve a perseguirle.

Seguridad: No le asustes demasiado para que disfrute con el juego.

BEBÉ BAILÓN

Tu hijo tiene mucho ritmo. Lo único que tienes que hacer es poner la música para que comience a bailar. Únete a él y verás qué bien os lo pasáis.

Materiales:
- Un radiocasete
- Música de baile
- Una zona despejada

Aprendizaje:
- Coordinación y equilibrio
- Capacidad auditiva
- Control motriz
- Interacción social

Instrucciones:
1. Haz una selección de diferentes tipos de música: clásica, pop, rock and roll, hip-hop, salsa.
2. Lleva al niño a la «pista de baile» y conecta el aparato. Deja que baile como quiera siguiendo el ritmo de la música.
3. Cambia de música y observa cómo cambia de movimientos para adaptarse a la nueva melodía.
4. Al cabo de un rato explícale que cuando apagues la música os debéis quedar paralizados. Luego vuelve a ponerla para seguir bailando. Apaga la música de vez en cuando para adoptar posturas divertidas.
5. Continuad bailando con distintos tipos de música e inventando pasos originales.

Variación: Sigue el ritmo de la música con las manos y los pies. Canta las canciones mientras bailas. Graba en vídeo la sesión de baile para verla cuando terminéis.

Seguridad: Asegúrate de que el suelo no resbala para que el niño no se caiga. Si quieres evitarlo es mejor que baile descalzo.

VESTIR A PAPÁ

Los niños distinguen a los hombres de las mujeres sobre todo por su forma de vestir. Dale a tu hijo la oportunidad de «vestir a papá» para que aprenda a seleccionar la ropa.

Materiales:

- Un montón de ropa limpia que incluya un conjunto completo de papá y otras prendas
- Una zona amplia

Aprendizaje:	• Clasificación y selección • Desarrollo de la motricidad fina • Diferencias entre los dos sexos • Ordenación

Instrucciones:

1. Extiende toda la ropa en la cama o en el suelo.
2. Dile al niño que quieres «vestir a papá» y que necesitas su ayuda para elegir la ropa. Para empezar anímale a que busque unos calzoncillos, unos calcetines o una camiseta.
3. Ayúdale a seguir buscando las prendas adecuadas para papá y ponlas en el suelo como si le estuvieras vistiendo.
4. Haz las correcciones necesarias para que todo esté en orden, con la camiseta por debajo de la camisa y ésta encima de los pantalones.
5. Cuando papá esté vestido jugad de nuevo para «vestir a mamá».

Variación: Si tienes un muñeco grande dile a tu hijo que lo vista con su ropa.

Seguridad: Ten cuidado con los botones flojos, las cremalleras y los imperdibles para evitar que el niño se haga daño.

FIGURITAS CONGELADAS

A medida que tu hijo crezca irá descubriendo las características del agua de distintas maneras: al salir del grifo, en una palangana o en la bañera.

Materiales:
- Una bandeja de cubitos
- Figuritas pequeñas de plástico
- Un congelador
- Una bañera

Aprendizaje:	• Causa y efecto • Exploración • Desarrollo motriz

Instrucciones:
1. Pon las figuritas de plástico en una bandeja de cubitos de hielo.
2. Llena la bandeja con agua y métela al congelador.
3. Llena la bañera con agua templada.
4. Mete al niño en la bañera.
5. Echa los cubitos de hielo en el agua.
6. Deja que los examine y explícale qué sucede al derretirse el hielo.

Variación: Utiliza cartones vacíos de leche para poner juguetes más grandes. Si quieres puedes teñir los cubitos con colorante alimentario.

Seguridad: Añade más agua templada a medida que se enfríe para mantener la temperatura. No dejes al niño solo en la bañera.

DEDO FANTASMA

¿Qué tienes en la mano? Es un dedo fantasma que ha venido para jugar y hablar con tu hijo. Para hacer este juego no es necesario que esperes a que llegue Halloween.

Materiales:

- Un pañuelo blanco de tela o de papel
- Un trozo de cordel o una goma
- Un rotulador
- Un dedo

Aprendizaje:	• Creatividad e imaginación • Desarrollo de la motricidad fina • Interacción social

Instrucciones:

1. Ponte un pañuelo blanco en la punta del dedo índice.
2. Envuélvelo alrededor del dedo y sujétalo con un trozo de cordel o una goma.
3. Dibuja en el pañuelo una cara con un rotulador. Si utilizas un pañuelo de papel ten cuidado, porque la tinta del rotulador puede extenderse.
4. Sienta al niño en tu regazo y preséntale al dedo fantasma para que se conozcan.
5. Entabla una conversación con el dedo y muévelo cuando responda para atraer la atención de tu hijo.
6. Canta esta canción haciendo los movimientos oportunos.

Hay un fantasma que vuela por los aires
(levanta el dedo y muévelo de un lado a otro),
hay un fantasma que vuela por los aires
(sigue moviéndolo),
vuela tan alto que llega hasta el sol
(sube el dedo hacia arriba),
pero vuelve a bajar y dice «¡Adiós!»
(bájalo y hazlo desaparecer).

Variación: Ponle a tu hijo un dedo fantasma para que pueda jugar con el tuyo.

Seguridad: No aprietes demasiado la goma en el dedo del niño.

SELECCIÓN DE CEREALES

Si tu hijo es un poco especial para comer, le gustará este juego. Y podrá degustar los cereales mientras se divierte.

Materiales:

- Un molde de magdalenas
- Seis tipos de cereales: Cheerios, Rice Krispies, Corn Flakes, Frosties, Smacks y Choco Krispies
- Seis cuencos

Aprendizaje:	• Capacidad de clasificación • Distinción de sabores • Desarrollo de la motricidad fina

Instrucciones:

1. Echa unos cuantos cereales de cada tipo en cada cuenco.
2. Pon los cuencos en fila sobre la mesa.
3. Coloca detrás el molde de las magdalenas.
4. Pon un trozo de cada cereal en cada uno de los huecos del molde.
5. Ayuda a tu hijo a emparejar los cuencos con las muestras del molde.
6. Dile que llene los huecos del molde con los cereales correspondientes utilizando los dedos.
7. Recuérdale que puede comer algunos cereales mientras juega.

Variación: Para aumentar la dificultad del juego, en vez de poner los cereales en cuencos separados echa unos cuantos de cada tipo en la mesa y mézclalos para que tu hijo los separe y los ponga en los huecos correctos.

Seguridad: Si utilizas otro tipo de alimentos asegúrate de que el niño no pueda atragantarse con ellos.

ARCO IRIS CONFITADO

Cuando los dedos de tu hijo comiencen a alargarse logrará hacer lo que quiera con ellos. Con este juego pondrá en práctica su habilidad manual y desarrollará su imaginación.

Materiales:
- Cuatro tazas de harina
- Una taza de sal
- $1^3/_4$ tazas de agua
- Un cuenco
- Colorante alimentario rojo, azul, amarillo y verde
- Utensilios de cocina: espátulas, un rodillo, moldes de galletas

Aprendizaje:	
	• Causa y efecto
	• Creatividad e imaginación
	• Desarrollo de la motricidad fina
	• Estimulación sensorial

Instrucciones:
1. Mezcla la harina, la sal y el agua en un cuenco y trabaja la masa con las manos hasta que tenga una consistencia uniforme.
2. Divide la masa en cuatro trozos y tíñelos con unas gotas de colorante alimentario rojo, azul, amarillo y verde. Sigue amasando hasta que los colores estén bien mezclados.
3. Sienta al niño en la mesa y pon las cuatro bolas de masa delante de él.
4. Dale unas espátulas, un rodillo, moldes de galletas y otros utensilios de cocina para que juegue con la masa.

Variación: Cuando haga algo con la masa ponla en el horno a 120° durante una hora como mínimo. Deja que se enfríe y dásela a tu hijo para que juegue con ella.

Seguridad: No le dejes comer la masa.

LUZ ROJA, LUZ VERDE

En este juego, cuando tu hijo comience a andar tendrá que detenerse. Pero no le importará, porque con la luz verde podrá seguir avanzando.

Materiales:
- Una cuerda o cinta adhesiva
- Una zona amplia

Aprendizaje:	• Equilibrio y coordinación • Causa y efecto • Desarrollo de la motricidad gruesa • Capacidad auditiva

Instrucciones:

1. Pon una tira de cuerda o de cinta adhesiva en el suelo a un lado de la habitación.
2. Pon otra tira en el otro extremo en paralelo.
3. Despeja la zona que quede entre las dos líneas.
4. Coloca al niño en un lado de la habitación y dile que se quede detrás de la línea hasta que le digas lo contrario.
5. Sitúate detrás de la otra línea.
6. Dile a tu hijo que intente llegar al otro lado y cruzar la línea cuando digas «Luz verde», y que se detenga si dices «Luz roja».
7. Haz una prueba sin darle la espalda para ver si lo ha comprendido. Si es necesario corrígele y explícale de nuevo las reglas.
8. Cuando consiga hacerlo bien ponte contra la pared y di «Luz verde».
9. Luego di «Luz roja» y date la vuelta rápidamente para pillarle si se está moviendo.
10. Continúa con el juego hasta que cruce la línea.
11. Después dale la oportunidad de que dirija él el tráfico.

Variación: Juega con varios niños. Utiliza señales rojas y verdes cuando digas «Luz roja» y «Luz verde».

Seguridad: No olvides retirar todos los obstáculos para que tu hijo no se tropiece.

¿IGUAL O DIFERENTE?

En este periodo los niños desarrollan mucho su capacidad cognitiva y son capaces de clasificar objetos en función de sus semejanzas o sus diferencias. Con este juego ayudarás a tu hijo a mejorar esa capacidad.

Materiales:

- Grupos de tres juguetes, dos iguales y uno parecido, por ejemplo cartas, muñecos de peluche, bloques y comida de plástico
- Una mesa

Aprendizaje:	• Clasificación y selección • Distinción de rasgos similares y diferentes • Desarrollo cognitivo

Instrucciones:

1. Reúne varios objetos en grupos de tres. En cada grupo debería haber dos objetos iguales y uno un poco diferente.
2. Pon cada grupo en una bolsa separada.
3. Sienta al niño en la mesa y coloca encima una de las bolsas.
4. Saca de la bolsa los tres objetos y ponlos sobre la mesa.
5. Pregunta a tu hijo cuál es diferente. Dale unos minutos para que lo piense. Si tiene problemas, hazle preguntas sobre los objetos para ayudarle a ver las diferencias.
6. Saca el resto de las bolsas, una por una, para que siga identificando los objetos que desentonan.

Variación: Juega con alimentos iguales y diferentes: crackers, quesos, bebidas, panes, galletas.

Seguridad: Comprueba si los objetos son seguros para evitar que tu hijo se haga daño con ellos.

ZAPATERÍA

Cuando tu hijo ande con soltura pónselo un poco más difícil con una sesión de zapatería. No importa que tengas los pies grandes; así andará mucho mejor.

Materiales:
- Muchos pares de zapatos, de cualquier tamaño
- Unos calcetines (opcional)
- Una zona amplia

Aprendizaje:	• Equilibrio y coordinación • Desarrollo de la motricidad gruesa • Clasificación

Instrucciones:
1. Busca en tu armario varios pares de zapatos de diferentes estilos: botas, sandalias, zapatos de tacón, deportivos.
2. Pon los zapatos en medio de la habitación.
3. Deja que el niño los examine.
4. Mézclalos y dile que los empareje.
5. Después deja que se los ponga e intente andar con ellos.

Variación: Monta una pista de obstáculos para que tenga que hacer maniobras. Dile que intente andar con unos zapatos desemparejados, por ejemplo con una bota y una sandalia.

Seguridad: Vigila al niño para que no se meta los zapatos en la boca.

ZAPATOS DIVERTIDOS

Con este juego tu hijo pondrá a prueba su equilibrio y su capacidad de percepción, desarrollará la motricidad gruesa y, además, se lo pasará en grande.

Materiales:

- Telas y materiales de distinto tipo para hacer zapatos: cartón, fieltro, piel sintética, papel rígido, espuma, plástico blando, cajas de zapatos
- Cinta adhesiva
- Una zona amplia

Aprendizaje:	• Equilibrio y coordinación • Creatividad • Exploración • Desarrollo de la motricidad gruesa

Instrucciones:

1. Coge uno de los materiales que hayas seleccionado, por ejemplo un trozo de piel sintética, y envuelve con él los pies de tu hijo.
2. Sujétalo bien con cinta adhesiva.
3. Dile al niño que ande con sus nuevos zapatos.
4. Quítaselos y haz otro par con otro material, por ejemplo con un trozo de cartón.
5. Deja que ande de un lado a otro con sus zapatos de cartón.
6. Sigue haciendo zapatos para que los pruebe.

Variación: Pregunta al niño si tiene alguna idea para hacer unos zapatos originales y ayúdale a confeccionarlos.

Seguridad: Retira cualquier obstáculo de la zona de juego para evitar que se haga daño si se cae.

TELARAÑA

A los niños les encantan los retos. Haz una tela de araña para que tu hijo la siga y observa cómo consigue salir del laberinto.

Materiales:
- Un ovillo de lana de colores
- Una habitación grande con muebles
- Cinta adhesiva transparente

Aprendizaje:	• Coordinación óculo-manual • Desarrollo de las motricidades fina y gruesa • Resolución de problemas

Instrucciones:
1. Coge un ovillo de lana y ata un extremo a un mueble situado en un lado de la habitación, a la altura de tu hijo.
2. Suelta la lana mientras te mueves por la habitación y pégala con cinta adhesiva en los muebles o en las paredes. No olvides que la telaraña debe estar siempre a la altura de tu hijo.
3. Cuando hayas formado la telaraña, corta la lana del ovillo después de dejar un trozo de unos dos metros.
4. Pon el extremo de la lana fuera de la habitación para atraer al niño hacia la telaraña.
5. Dile que coja el cabo de lana y lo siga.
6. Observa cómo sigue la lana por el laberinto hasta llegar al final.

Variación: Ata unos juguetes pequeños a la lana para que tu hijo los coja mientras desenmaraña el laberinto.

Seguridad: No le pierdas de vista para evitar que se enrede con la lana.

SILUETA DE PAPEL

Con este juego tu hijo se divertirá de lo lindo buscando pegatinas justo debajo de sus narices, y ganará siempre.

Materiales:
- De veinte a treinta pegatinas
- Lápiz y papel
- El cuerpo de tu hijo

Aprendizaje:	• Conocimiento del cuerpo • Desarrollo de la motricidad fina • Permanencia de los objetos • Interacción social

Instrucciones:
1. Compra un surtido de pegatinas que le gusten a tu hijo.
2. Haz una lista de todas las pegatinas para que puedas identificarlas.
3. Traza la silueta del cuerpo del niño en una hoja de papel, por delante y por detrás.
4. Ponle de pie en medio de la habitación y colócale pegatinas por todo el cuerpo; unas escondidas y otras a la vista.
5. Lee el nombre de una de las pegatinas de la lista.
6. Dile que busque esa pegatina en su cuerpo.
7. Cuando la encuentre dile que se la quite y la pegue en la silueta de papel en el lugar adecuado.
8. Continúa hasta que todas las pegatinas estén pegadas en la silueta de papel.

Variación: Ponte las pegatinas por todo el cuerpo para que tu hijo las encuentre.

Seguridad: No le pongas pegatinas en el pelo, y quítaselas todas cuando termine el juego.

SERPENTINA

Organiza un desfile para que tu hijo tenga algo especial que hacer mientras se mueve de aquí para allá. Verás cómo se divierte.

Materiales:
- Una vara de madera o de plástico de 30 cm
- Una cinta de tela o de papel de tres metros
- Cinta adhesiva
- Música de marcha

Aprendizaje:	• Equilibrio y coordinación • Desarrollo de la motricidad gruesa • Seguimiento visual

Instrucciones:
1. Corta una tira de tela o de papel de tres metros.
2. Pega un extremo de la serpentina en la punta de la vara con cinta adhesiva.
3. Dale a tu hijo la serpentina y enséñale a ondearla.
4. Deja que la examine y haga con ella círculos, ochos, espirales y otras figuras.
5. Cuando esté preparado pon música de marcha para que desfile por la habitación.

Variación: Pon varios lazos en la vara para hacer una serpentina multicolor. Únete al desfile y sigue con tu hijo el ritmo de la música.

Seguridad: Asegúrate de que la vara no tenga bordes cortantes y pese poco por si acaso se le cae. No le pierdas de vista cuando maneje la serpentina para que no se enrede con ella.

TÓCALO

¿Cuántas veces le has dicho a tu hijo «No toques eso»? Ahora tienes la oportunidad de decirle «Tócalo» con este divertido juego educativo.

Materiales:
- Seis bolsas de papel pequeñas
- Seis objetos interesantes para tocar

Aprendizaje:	• Capacidad cognitiva • Exploración • Representación mental, imaginación • Sentido del tacto

Instrucciones:

1. Pon en cada bolsa un objeto que tenga unas características sensoriales interesantes, por ejemplo una pelota de espuma, una esponja, una bola de algodón, un juguete sonoro y una escobilla para limpiar botellas.
2. Cierra las bolsas y ponlas en el suelo.
3. Lleva a tu hijo a la habitación y siéntalo en el suelo junto a las bolsas.
4. Coge una de las bolsas y ábrela.
5. Dile al niño que meta en ella la mano sin mirar dentro. Si no se atreve hazlo tú primero.
6. Pregúntale qué nota y dile que adivine de qué objeto se trata.
7. Si no lo sabe mete la mano en la bolsa y descríbele las propiedades del objeto.
8. Si sigue sin adivinarlo deja que saque el objeto para identificarlo.

Variación: Pon en las bolsas diferentes alimentos para que adivine qué son y luego deja que se los coma.

Seguridad: Asegúrate de que los objetos son seguros y no tienen bordes cortantes.

ZOO SONORO

Con este juego de animales tu hijo podrá aprender más cosas sobre el mundo que le rodea y se lo pasará de maravilla identificando sonidos.

Materiales:
- Fotografías de animales
- Un magnetófono y una cinta

Aprendizaje:	• Clasificación y asociación • Exploración • Capacidad auditiva

Instrucciones:
1. Busca fotografías de animales que tengan una voz característica, por ejemplo un pato, un pollito, un perro, un gato, un caballo, una vaca, un pájaro, una rana, un león y un oso.
2. Imita los sonidos de cada animal y grábalos en una cinta haciendo una pausa entre ellos.
3. Siéntate en el suelo o en una mesa con el niño en tu regazo.
4. Extiende delante de él las fotografías.
5. Deja que las mire detenidamente para que identifique a los animales.
6. Enciende el magnetófono y dile que escuche el primer sonido.
7. Haz una pausa para que intente adivinar qué animal hace ese sonido.
8. Sigue jugando hasta que haya asociado todos los sonidos con los animales correspondientes.

Variación: Si el juego es demasiado difícil para tu hijo, pon la cinta y enséñale la fotografía que va con cada sonido. Luego vuelve a poner la cinta para ver si puede recordar qué sonido hace cada animal.

Seguridad: No hagas los sonidos demasiado fuertes para que no se distraiga y pueda concentrarse.

DE VEINTICUATRO A TREINTA MESES

Cuando tu hijo cruce la frontera de los dos años dejará de ser un bebé. Será capaz de hacer muchas cosas sin ayuda (pero aún con supervisión) y comprenderá cada vez mejor cómo funciona el mundo.

Físicamente podrá hacer con su cuerpo casi lo mismo que un adulto, pero se cansará enseguida y seguirá necesitando recuperar fuerzas con tentempiés nutritivos y alguna que otra siesta. Querrá imitar a papá y a mamá y hacer cosas de mayores, así que debes dejarle que te ayude en el jardín, en la cocina y en otras labores. También conviene que le asignes una tarea diaria para que se sienta útil y competente.

En este periodo aprenderá a controlar los lápices y las pinturas, y hará dibujos más realistas. Dale accesorios y hojas de papel grandes y mucho tiempo para dibujar. Puesto que a esta edad no es importante no salirse de las líneas, no le des libros para colorear y deja que dibuje lo que quiera. El dibujo libre es excelente para desarrollar la motricidad fina y la expresión emocional.

Por otra parte, a medida que explore su entorno comprenderá con más claridad la relación entre causa y efecto. Deja que intente resolver solo sus problemas, y luego hazle sugerencias si necesita ayuda. No se lo hagas todo ni le digas cómo se hacen «bien» las cosas; los niños deben tener libertad para aprender a pensar por sí mismos. Dale oportunidades para que desarrolle su capacidad intelectual. Intenta fomentar su curiosidad y su creatividad con preguntas abiertas («qué», «cómo», «por qué») en vez de plantearle preguntas afirmativas o negativas en las que no hay ningún margen de interpretación.

A esta edad el lenguaje es un instrumento muy divertido, y para potenciarlo puedes leer libros de rimas y cantar canciones infantiles. Haz juegos de rimas, di cosas absurdas e interpreta a los personajes de los cuentos favoritos de tu hijo. Dale muchos libros para que los «lea» él solo. Los libros son estupendos para aprender a pensar y desarrollar la imaginación y la capacidad verbal.

Aunque tu hijo sabe lo que es capaz de hacer, algunas veces no tendrá en cuenta sus limitaciones. Intenta ayudarle a conseguir lo que se proponga para que no se sienta frustrado. Cuanta más confianza tenga en sí mismo más cosas podrá hacer, ahora y más adelante. Búscale muchos amigos para que aprenda las capacidades sociales básicas que se requieren para las actividades en grupo. La capacidad de relacionarse con los demás le ayudará a adaptarse mejor en el parvulario.

Cuando manifieste sus emociones no le reprimas, y enséñale a expresarlas con palabras. Como ya he mencionado, las actividades artísticas ayudan a los niños a expresar emociones que no son fáciles de compartir.

Ahora no hay quien pare a tu hijo, y tendrás que hacer un esfuerzo para estar a la altura de su despliegue de energía.

LA BOCA DEL PAYASO

Con el dominio que tiene ahora tu hijo de la coordinación óculo-manual y las relaciones espaciales ya está preparado para este juego de puntería. Verás como da en el blanco.

Materiales:
- Una caja grande de cartón
- Rotuladores
- Unas tijeras o un cúter
- Pintura o lápices de colores
- Bolsas de alubias, esponjas o calcetines enrollados

Aprendizaje:	• Coordinación óculo-manual • Desarrollo de las motricidades fina y gruesa • Relaciones espaciales

Instrucciones:
1. Dibuja la cara de un payaso con rotuladores en una caja grande de cartón. Haz dos ojos redondos por los que pueda pasar una bolsa de alubias y una boca grande (más que los ojos).
2. Corta los ojos y la boca con unas tijeras o un cúter.
3. Pinta el payaso para añadir el pelo, las pestañas, la nariz y otros detalles.
4. Pon el payaso inclinado contra una pared y coloca a poca distancia varias bolsas de alubias, esponjas o calcetines enrollados.
5. Dile a tu hijo que se ponga junto a las bolsas e intente meterlas por la boca del payaso.
6. Cuando tenga cierta práctica dile que intente meterlas por los ojos.

Variación: Haz cinco agujeros de diferentes tamaños para que tu hijo consiga puntos en función del tamaño del agujero.

Seguridad: Dale cosas blandas para que no rompa nada si falla el tiro.

BAILANDO

A la mayoría de los niños les gusta expresarse a través de la música. Organiza una sesión de baile para que tu hijo haga prácticas de expresión corporal.

Materiales:
- Diferentes tipos de música: rumba, vals, polca, rock and roll, twist
- Un radiocasete
- Una zona amplia para bailar

Aprendizaje:	• Ritmo y equilibrio • Conocimiento del cuerpo • Creatividad • Capacidad auditiva

Instrucciones:
1. Graba unos cuantos minutos de cada tipo de música para disfrutar un rato con la melodía y bailar un poco. Graba las canciones seguidas para que la música no deje de sonar.
2. Ponte en el centro de la habitación y conecta el aparato.
3. Cuando suene la primera canción comienza a bailar y anima a tu hijo a que baile contigo.
4. Cambia de ritmo cuando cambie la música y anima al niño a seguirte.
5. Seguid bailando hasta que no podáis más.

Variación: Deja que sea él quien lleve el paso y sigue su ritmo.

Seguridad: Despeja la habitación para que no os tropecéis con nada mientras bailéis. Haced pausas si os cansáis.

DESFILE DE CARNAVAL

Todos los niños quieren ser como papá y mamá. Haz un desfile de carnaval para que tu hijo pueda vestirse y actuar como una persona mayor.

Materiales:

- Ropa para disfrazarse: sombreros, chaquetas, guantes, zapatos, pantalones, camisas, vestidos, pañuelos y joyas
- Un espejo grande

Aprendizaje:	
	• Identificación sexual
	• Autoconocimiento
	• Autonomía para vestirse
	• Ordenación

Instrucciones:

1. Busca en una tienda barata varias prendas fáciles de poner, cómodas y sobre todo divertidas.
2. Mete la ropa en una caja y ponla en medio de la habitación.
3. Revisa con el niño la ropa.
4. Probaos varias prendas delante del espejo.
5. Cuando estéis disfrazados haz un desfile de carnaval por el vecindario (o dentro de casa).

Variación: Busca varios modelos de cada prenda: diferentes sombreros, zapatos, pañuelos, pelucas...

Seguridad: Ten cuidado para evitar que el niño se enrede con la ropa. Y no dejes que combine cuadros con flores (es una broma).

CUENTO DE TRAPO

Tu hijo cuenta ya con un vocabulario muy amplio, pero a veces sus palabras no están a la altura de su necesidad de expresión. Dale un simple tablero de franela para que te cuente un cuento.

Materiales:

- Un metro de franela o de fieltro negro u oscuro
- Un tablero de madera de 1 x 1 metro aproximadamente
- Cola
- Trozos de fieltro de varios colores
- Cuentos infantiles, por ejemplo *Los tres cerditos, Peter Pan* o *Blancanieves*
- Unas tijeras
- Rotuladores

Aprendizaje:	• Expresión emocional • Desarrollo de la motricidad fina • Desarrollo del lenguaje y el vocabulario • Interacción social

Instrucciones:

1. Cubre el tablero de madera con un trozo de franela o fieltro oscuro. Pégalo con cola y deja que se seque.
2. Coge uno de los cuentos favoritos de tu hijo y recorta en fieltro las siluetas de los personajes. Por ejemplo, si eliges *Los tres cerditos*, haz tres cerditos de fieltro rosa, un lobo de fieltro negro y un cordero de fieltro blanco.
3. Utiliza los rotuladores para añadir los detalles de cada personaje.
4. Apoya el tablero contra una pared.
5. Siéntate con tu hijo delante del tablero y coloca en él los personajes de fieltro.
6. Cuéntale el cuento moviendo los personajes en el momento oportuno.

Variación: Recorta en fieltro una serie de figuras y deja que el niño las ponga en el tablero como quiera.

Seguridad: Asegúrate de que el tablero está bien sujeto para que no se caiga sobre tu hijo.

CARAS

Los niños comienzan a sentir desde que nacen, si no antes, alegría, tristeza, sorpresa e incluso ira. Con este juego tu hijo podrá explorar todos esos sentimientos.

Materiales:
- Platos de papel
- Rotuladores
- Espátulas de madera (opcional)
- Cinta adhesiva
- Un cuento con ilustraciones

Aprendizaje:	• Capacidad cognitiva • Expresión emocional • Desarrollo del lenguaje y el vocabulario

Instrucciones:
1. Dibuja en platos de papel caras que expresen sentimientos diferentes, por ejemplo caras de alegría, tristeza, enfado, sueño, sorpresa y susto.
2. Si quieres puedes pegar una espátula de madera con cinta adhesiva en el borde de cada plato para hacer un asa.
3. Sienta al niño en tu regazo y léele un cuento en el que haya varias emociones.
4. Cuando surja una emoción en el relato saca la cara de papel correspondiente.
5. Explica a tu hijo qué palabras van con esa emoción y dile que ponga una cara similar.
6. Sigue leyendo el cuento y mostrándole las caras en el momento oportuno.

Variación: Levanta las caras de papel una por una, adopta una expresión similar y describe verbalmente cada emoción. Por ejemplo, cuando saques la cara de enfado di «Estoy enfadada».

Seguridad: Ten cuidado con las espátulas para que tu hijo no se las meta en la boca. Si prefieres no usarlas puedes agarrar los platos por el borde.

PAREJAS

Con este juego de asociación ayudarás a tu hijo a desarrollar su capacidad cognitiva. Busca muchas cosas interesantes para que le resulte ameno.

Materiales:

- Pares de objetos relacionados: una llave y una cerradura, lápiz y papel, jabón y una esponja, una tuerca y un tornillo, un calcetín y un zapato
- Una mesa

Aprendizaje:	• Clasificación y selección • Coordinación óculo-manual • Desarrollo de la motricidad fina • Capacidad mental

Instrucciones:

1. Busca varios objetos que estén relacionados. Las asociaciones deben ser simples, pero puedes incluir uno o dos pares más complejos para darle más emoción al juego.
2. Coloca todos los objetos sobre la mesa mezclados.
3. Lleva al niño a la mesa y enséñale los objetos.
4. Coge uno de ellos y dile que busque su pareja. Si necesita ayuda dale pistas.
5. Cuando la encuentre felicítale, deja a un lado esa pareja y elige otro objeto.
6. Sigue jugando hasta que todos los objetos estén emparejados.

Variación: Cuando el niño aprenda a asociar objetos reales utiliza fotografías para aumentar la dificultad del juego. De este modo podrás tener una selección de objetos más amplia.

Seguridad:

Asegúrate de que los objetos no suponen ningún riesgo para tu hijo.

MÚSICA ESCONDIDA

Los niños utilizan los sentidos para aprender. Su percepción provoca una respuesta motriz, que a su vez les permite mejorar su capacidad mental. Con este juego tu hijo desarrollará dos de los sentidos más importantes: la vista y el oído.

Materiales:
- Un juguete musical de cuerda o un radiocasete portátil
- Una habitación

Aprendizaje:	• Desarrollo de la motricidad gruesa
	• Resolución de problemas
	• Sentido del oído
	• Sentido de la vista

Instrucciones:
1. Da cuerda al juguete y escóndelo en una habitación.
2. Dile a tu hijo que entre y busque el juguete por el sonido.
3. Cuando lo encuentre felicítale y dile que salga de la habitación para esconderlo de nuevo.

Variación: Deja que el niño esconda el juguete para que tú lo busques. Esconde dos juguetes musicales para que tenga que distinguir los sonidos.

Seguridad: No escondas demasiado el juguete, para que tu hijo lo encuentre con relativa facilidad, sin tener que trepar ni levantar nada.

¿PUEDO, MAMI?

A medida que tu hijo desarrolle su capacidad verbal aprenderá a responder de manera adecuada a las preguntas, los comentarios y las órdenes que reciba. Ayúdale con este juego.

Materiales:
- Una cuerda o cinta adhesiva
- Una zona despejada

Aprendizaje:	• Desarrollo de la motricidad gruesa • Desarrollo del lenguaje • Capacidad auditiva • Interacción social

Instrucciones:

1. Pon una tira de cuerda o de cinta adhesiva en un lado de la habitación y traza una línea paralela a varios metros para marcar la línea de llegada.
2. Coloca al niño detrás de una de las líneas y dile que espere tus instrucciones.
3. Sitúate en la línea de llegada.
4. Explica a tu hijo que antes de hacer lo que le indiques debe pedir permiso y decir «¿Puedo, mami?».
5. Dile por ejemplo que dé tres pasos.
6. Espera a que pregunte «¿Puedo, mami?» y respóndele «Sí» o «No». Si le das permiso, espera a que dé los tres pasos y luego dale otra orden.
7. Si se le olvida decir «¿Puedo, mami?», debe volver al punto de partida y comenzar de nuevo.
8. Cuando consiga cruzar la línea de llegada intercambiad los papeles.

Variación: Invita a otros niños a jugar con tu hijo. Pon juguetes o golosinas entre las dos líneas para que el juego resulte más divertido.

Seguridad: Retira todos los obstáculos de la zona de juego.

TRAJE DE PAPEL

Cuando tu hijo crea que ya ha aprendido a vestirse sorpréndele con un modelo especial que se quita de un modo diferente.

Materiales:
- Hojas grandes de papel de seda o de envolver
- Cinta adhesiva
- Un espejo

Aprendizaje:	• Desarrollo de las motricidades fina y gruesa • Resolución de problemas • Sentido del tacto

Instrucciones:
1. Compra varias hojas de papel para envolver el cuerpo de tu hijo.
2. Déjale sólo con el pañal y colócale delante del espejo.
3. Ponle el papel alrededor del cuerpo para crear un nuevo modelo y dile que mire en el espejo cómo trabajas.
4. Sujeta los bordes con cinta adhesiva.
5. Enseña a tu hijo su nuevo traje en el espejo.
6. Cuando se haya visto bien dile que intente quitárselo.

Variación: Utiliza diferentes tipos de papeles, por ejemplo papel encerado, páginas de cómics de periódicos o tiras de papel de seda en vez de hojas.

Seguridad: No le tapes al niño la cara para que pueda respirar bien y vea lo que ocurre. No le pongas el papel demasiado prieto para que no se sienta incómodo.

LA SILLA DE LA REINA

Con esta versión personalizada de «La silla de la reina» tu hijo moverá todo el cuerpo y se lo pasará en grande.

Materiales:
- Una zona amplia para jugar
- Tu voz

Aprendizaje:	• Conocimiento del cuerpo • Desarrollo de la motricidad gruesa • Desarrollo del lenguaje y el vocabulario • Interacción social

Instrucciones:
1. Pon ropa cómoda a tu hijo.
2. Sitúate con él en la zona de juego.
3. Canta esta canción siguiendo las indicaciones que se incluyen entre paréntesis:

A la silla de... (di el nombre de tu hijo y comienza a dar vueltas en círculo),
que nunca se sienta (sigue dando vueltas),
un día se sentó (agáchate)
y de culo se desmayó (cáete al suelo).

Variación: Personaliza cualquier otra rima o canción infantil e invéntate nuevas estrofas.

Seguridad: Asegúrate de que tenéis suficiente espacio para no chocar con nada. No des vueltas muy rápidamente para que tu hijo no se maree.

GARABATOS

Dentro de poco tu hijo escribirá su nombre, pero el primer paso para controlar la motricidad fina comienza con los garabatos. Verás qué pronto aprende a escribir.

Materiales:
- Rotuladores grandes
- Hojas grandes de papel
- Una mesa

Aprendizaje:	• Expresión emocional • Desarrollo de la motricidad fina • Desarrollo del lenguaje

Instrucciones:
1. Pon sobre la mesa el papel y los rotuladores.
2. Sienta al niño en la mesa.
3. Ponte a su lado y ayúdale a hacer garabatos. Anímale a que haga puntos, líneas, curvas, círculos y otras figuras.
4. En vez de preguntarle «¿Qué es?», dile que te hable de su obra de arte.
5. No hagas dibujos para que los copie y deja que garabatee lo que quiera. A medida que aprenda a controlar los rotuladores sus figuras serán cada vez más reconocibles.

Variación: En lugar de rotuladores puedes usar acuarelas o pinturas para pintar con los dedos.

Seguridad: Utiliza rotuladores no tóxicos, y dile a tu hijo que no se los meta en la boca.

SONIDOS

Ahora que tu hijo tiene el oído más fino y mayor capacidad cognitiva puede distinguir una gran cantidad de sonidos. Pon a prueba su agudeza auditiva con este divertido juego.

Materiales:

- Diez recipientes idénticos con tapa: tubos de pastillas, cajas pequeñas o vasos de papel
- Cinco objetos que hagan ruido para meter en los recipientes: arroz, alubias, semillas, monedas, cuentas, bolitas o piedras
- Una mesa o el suelo

Aprendizaje:	• Discriminación • Capacidad auditiva • Interacción social

Instrucciones:

1. Pon los objetos en los recipientes, de manera que haya dos de arroz, dos de alubias...
2. Si los recipientes son transparentes fórralos con papel de aluminio.
3. Coloca los recipientes en la mesa o en el suelo y siéntate al lado con tu hijo.
4. Coge uno de ellos y muévelo.
5. Dile al niño que coja otro y lo mueva.
6. Pregúntale si los sonidos son iguales o diferentes.
7. Dile que mueva recipientes hasta que encuentre el que suena como el tuyo.
8. Continuad jugando hasta que estén todos emparejados y luego enseña a tu hijo lo que hay dentro.

¡cra! ¡cra!

Variación: Llena varios vasos con distintos niveles de agua y da golpecitos en ellos con una cuchara para escuchar los sonidos que producen.

Seguridad: Cierra bien los recipientes para que no se abran antes de que termine el juego.

PEGATINAS MÁGICAS

En este juego se combina la diversión con la limpieza. Y a tu hijo le encantará ver cómo se pegan las figuras en la pared de la bañera.

Materiales:
- Un cuento barato que no te importe recortar
- Papel adhesivo transparente
- Unas tijeras
- Una bañera con agua

Aprendizaje:	• Causa y efecto • Creatividad e imaginación • Desarrollo de la motricidad fina

Instrucciones:
1. Compra un cuento barato que le guste a tu hijo.
2. Recorta los personajes del cuento en varias posturas, por ejemplo sentados, de pie y corriendo, y algunos accesorios: muebles, juguetes, una casa o un coche.
3. Extiende en la mesa una hoja de papel adhesivo y despega la capa protectora.
4. Coloca las figuras sobre el papel, boca arriba, dejando entre ellas un par de centímetros.
5. Pon otra hoja de papel adhesivo encima de la primera para plastificar las figuras.
6. Recórtalas con cuidado dejando alrededor un margen de tres milímetros. Si las cortas justo por el borde el papel no se pegará.
7. Llena la bañera con agua templada.
8. Mete a tu hijo en el agua y dale las figuras plastificadas.
9. Aprieta una de ellas contra la pared de la bañera para que se quede pegada.

Variación: Llena un cubo de agua, mete dentro una lámina de metal y pega en ella las pegatinas.

Seguridad: No dejes al niño solo en la bañera.

CUENTACUENTOS

Cuando a los niños les gusta algo quieren que se lo repitan una y otra vez. Con esta actividad podrás complacer a tu hijo y desarrollar su capacidad cognitiva.

Materiales:
- Una grabadora
- Una cinta virgen
- Un cuento
- Un lugar cómodo para escuchar

Aprendizaje:	• Desarrollo del lenguaje y el vocabulario • Capacidad auditiva • Autonomía para leer

Instrucciones:
1. Coge un cuento y sienta al niño en tu regazo.
2. Enciende la grabadora para grabar tu voz.
3. Lee el cuento vocalizando con claridad.
4. Cuando termines de leer apaga la grabadora y rebobina la cinta.
5. Pon a tu hijo en un lugar cómodo y dale el cuento.
6. Enséñale a encender la grabadora o hazlo tú misma.
7. Dile que mire el cuento y pase las páginas mientras oye la grabación.

Variación: Invéntate un cuento para que tu hijo utilice su imaginación y visualice lo que está ocurriendo.

Seguridad: Emplea una grabadora o un magnetófono infantil para que el niño pueda manejarlo sin correr ningún riesgo.

EL PATO HACE CUA, CUA

PRUEBAS CULINARIAS

Si tu hijo es especial para comer y arruga la nariz cuando algo no le gusta, haz esta prueba de sabores para convertir la hora de la comida en un juego.

Materiales:

- Varios alimentos que le gusten a tu hijo y tengan una textura similar, por ejemplo compota de manzana, budín, puré de patatas, gelatina, sopa, cereales y yogur
- Cuencos
- Una mesa
- Una cuchara
- Una venda

Aprendizaje:	• Capacidad de clasificación • Exploración • Sentido del riesgo • Sentido del gusto

Instrucciones:

1. Selecciona varios alimentos que tengan una textura similar.
2. Ponlos en cuencos separados y colócalos en fila sobre la mesa.
3. Sienta al niño en la mesa y dale una cuchara.
4. Señala uno por uno todos los alimentos y explícale que vais a hacer un juego.
5. Ponle una venda o dile que cierre los ojos.
6. Coge la cuchara, llénala con uno de los alimentos y dáselo para que lo pruebe.
7. Quítale la venda y dile que adivine qué ha comido.
8. Continúa hasta que haya probado todos los alimentos.

Variación: Haz el juego con frutas, verduras, cereales u otro tipo de alimentos.

Seguridad: No intentes engañar a tu hijo dándole algo que no le guste para que no deje de confiar en ti.

JUEGO DE BOLOS

En vez de tener a tu hijo haciendo rodar un balón de un lado a otro, ponle unos bolos para que juegue una partida y pruebe su puntería.

Materiales:

- Entre seis y diez objetos que puedan servir de bolos: cartones de leche vacíos, botellas de plástico vacías, vasos de papel colocados boca abajo
- Una zona despejada
- Una cuerda o cinta adhesiva
- Un balón de fútbol o baloncesto

Aprendizaje:	• Causa y efecto • Coordinación óculo-manual • Desarrollo de la motricidad gruesa

Instrucciones:

1. Coloca los «bolos» en forma de triángulo, como en una bolera.
2. Retrocede varios pasos y traza una línea con cuerda o cinta adhesiva.
3. Pon a tu hijo detrás de la línea.
4. Dale el balón y dile que lo lance para intentar derribar todos los objetos.
5. Deja que siga lanzándolo hasta que tire todos los bolos.
6. Vuelve a ponerlos en pie para jugar otra ronda.

Variación: Pon en fila unas fichas de dominó y dile a tu hijo que lance contra ellas una pelota pequeña; cuando tire la primera, las demás caerán, en una reacción en cadena.

Seguridad: No le des al niño una bola de verdad; son demasiado pesadas. No utilices objetos que se puedan romper.

CANASTA

Con este juego interactivo tu hijo no parará de moverse y de reír. Sujétale la canasta para que él enceste.

Materiales:

- Pelotas pequeñas, por ejemplo de tenis
- Un recipiente grande y ligero: una cesta, una caja o una bolsa

Aprendizaje:	• Coordinación óculo-manual • Desarrollo de la motricidad gruesa • Interacción social

Instrucciones:

1. Reúne varias pelotas pequeñas y ponlas en el suelo junto al niño.
2. Busca un recipiente grande y fácil de agarrar.
3. Sujétalo con las manos y ponlo a la altura de tu hijo.
4. Dile que intente meter una pelota en el recipiente.
5. Muévelo para coger la pelota.
6. Cuando todas las pelotas estén dentro del recipiente vuelve a dárselas para jugar de nuevo.

Variación: Dale al niño el recipiente y lanza tú las pelotas.

Seguridad: Tira las pelotas con cuidado para no darle en la cara. Asegúrate de que el recipiente no tiene bordes cortantes.

LIMPIEZA

A diferencia de Tom Sawyer, que se hacía el remolón para pintar la valla, a la mayoría de los niños les gusta «trabajar». Dale a tu hijo una brocha y un cubo de agua y observa cómo limpia.

Materiales:
- Una brocha grande
- Utensilios de limpieza: esponjas, trapos, rodillos, pulverizadores, cepillos
- Dos cubos pequeños
- Agua

Aprendizaje:	• Causa y efecto • Desarrollo de la autoestima • Coordinación óculo-manual • Desarrollo de la motricidad gruesa

Instrucciones:
1. Pon los utensilios de limpieza en un cubo para que tu hijo pueda llevarlos de un sitio a otro.
2. Llena el otro cubo con agua.
3. Saca al niño fuera y enséñale a «pintar» la casa con el agua y la brocha.
4. Dale el resto de los utensilios y deja que los use como te ha visto usarlos a ti.
5. Felicítale por lo bien que lo ha limpiado todo.

Variación: Cuando quites el polvo o hagas otra tarea doméstica busca la manera de que pueda ayudarte, o dale una ocupación similar que pueda hacer solo.

Seguridad: Comprueba si los utensilios de limpieza son seguros para tu hijo. Aprovecha la ocasión para hablarle de los riesgos de las sustancias peligrosas, en este caso los productos de limpieza.

¿QUÉ HAY DENTRO?

A esta edad los niños son muy curiosos y les gusta desmontar las cosas para ver qué hay dentro. Potencia el talento de tu pequeño Einstein con este divertido juego.

Materiales:
- Bolsas de papel
- Objetos pequeños que quepan en las bolsas: juguetes especiales, un cepillo de pelo, un pañal, una pelota, un zapato, un muñeco, unas llaves
- Cinta adhesiva

Aprendizaje:	• Clasificación e identificación • Capacidad mental-cognitiva • Desarrollo de la motricidad fina • Resolución de problemas

Instrucciones:
1. Busca varios objetos que le resulten familiares a tu hijo.
2. Pon cada uno en una bolsa de papel, dobla la parte superior y cierra las bolsas con cinta adhesiva.
3. Siéntate con el niño en el suelo, con las bolsas escondidas detrás de ti.
4. Saca una bolsa, deja que el niño la toque por fuera y pregúntale: «¿Qué habrá dentro?».
5. Si no lo adivina, di tú algo, pero no des la respuesta correcta. Le servirá de estímulo para comenzar a pensar qué puede haber dentro de la bolsa.
6. Dile que siga palpando y adivinando. Si se rinde abre la bolsa y deja que toque el objeto sin mirarlo para ver si ahora adivina de qué se trata.
7. Cuando acierte saca el objeto para comprobar si tenía razón.

Variación: Dile al niño que prepare varias bolsas para que tú adivines qué hay dentro.

Seguridad: No metas en las bolsas ningún objeto con el que pueda hacerse daño al tocarlo.

¿QUÉ ESTÁ MAL?

Ahora que tu hijo comprende un poco mejor cómo funciona el mundo puedes introducir este juego para ver si descubre qué está mal e intenta arreglarlo.

Materiales:

- Un cuento
- Un calcetín y un zapato
- Un cepillo y pasta de dientes
- Un cuenco y agua
- Una tostada y mantequilla

Aprendizaje:	• Desarrollo de la motricidad fina • Resolución de problemas • Interacción social

Instrucciones:

1. Reúne los objetos que se enumeran en la lista de materiales u otros que se puedan poner boca abajo o de otro modo distinto al habitual.
2. Sienta al niño en tu regazo. Sujeta un cuento boca abajo y comienza a leer para ver si se da cuenta de que está mal y lo pone bien.
3. Ponle un calcetín encima del zapato para ver si se da cuenta del error e intenta arreglarlo.
4. Echa pasta de dientes en la parte posterior del cepillo para ver si se da cuenta del error e intenta hacer algo.
5. Echa un poco de agua en un cuenco y dile que beba para ver si se da cuenta de que eso no es lo habitual y pide un vaso.
6. Unta una tostada con mantequilla y ponla boca abajo en un plato para ver si le da la vuelta.

Variación: Introduce más cambios en su vida cotidiana para ver si advierte los errores e intenta corregirlos. Por ejemplo, puedes ponerte la ropa o un sombrero al revés, o comer sopa con un tenedor.

Seguridad: No utilices ningún objeto con el que pueda hacerse daño.

DE TREINTA A TREINTA Y SEIS MESES

A punto de cumplir tres años, tu hijo está ya preparado para enfrentarse al mundo. Ha dejado de ser un bebé dependiente que no sabía hablar ni andar y se ha convertido en un niño inteligente y seguro de sí mismo que sabe lo que quiere, dice lo que piensa y disfruta jugando con sus amigos en el parvulario o en el parque del barrio.

Muy pronto, a medida que mejore su motricidad gruesa, será capaz de andar en bicicleta, patinar, saltar a la comba, jugar a la rayuela e incluso esquiar. Correrá más rápido, saltará más alto y tendrá más resistencia física.

Su motricidad fina también mejorará mucho, y dentro de poco escribirá las letras del alfabeto y su nombre y hará dibujos intrincados con sentido y claridad. Aprenderá a vestirse, a comer y a ir al baño solo, y cada vez se sentirá más capaz e independiente.

Cuando intente encajar las piezas que componen su entorno se pasará el día haciendo preguntas, sobre todo «¿Por qué?». Y además podrá seguir instrucciones sencillas, razonar algunas cosas y resolver la mayoría de sus problemas.

Por otro lado su capacidad verbal aumentará de forma extraordinaria. Aprenderá entre seis y diez palabras nuevas cada día, y a veces te sorprenderá con términos y frases propias de un adulto. Si comienza a decir palabrotas, explícale que en casa no se usan esas palabras y no le prestes atención. Si no das importancia a esas expresiones se le olvidarán enseguida, siempre que tú no las utilices.

Para aprender cosas nuevas y hacer frente a nuevos retos, tu hijo debe sentirse bien consigo mismo. En la escuela su autoestima puede bajar un poco, pero si ha crecido con confianza los primeros años la recuperará en poco tiempo. Recuerda que para reforzar su autoestima debes darle oportunidades de hacer cosas por sí mismo y tener éxito.

Cuando aprenda a relacionarse con los demás y comprenda cómo se sienten tendrá amistades más duraderas y discutirá menos. Y a medida que sus emociones sean más complejas será capaz de expresarlas mejor a través del lenguaje corporal, las palabras y las actividades artísticas. Anímale a que exprese lo que siente de una manera apropiada para que tenga suficientes recursos personales cuando crezca.

Hablando de crecer, tu hijo está creciendo a una velocidad increíble. Disfruta ahora con él todo lo que puedas, porque antes de lo que te imaginas se habrá hecho mayor.

BOLSA CON SORPRESAS

A los niños les encantan las sorpresas, sobre todo si son creativas. Juega con tu hijo a este bonito juego para estimular su imaginación.

Materiales:
- Cuatro bolsas de papel
- Tres objetos relacionados para cada bolsa: jabón, una esponja y un barquito de plástico (para el baño); un plato, un vaso y una cuchara (para comer); unos pantalones, una camisa y unos zapatos (para vestirse)

Aprendizaje:	• Capacidad mental-cognitiva • Identificación y clasificación • Desarrollo del lenguaje • Interacción social

Instrucciones:
1. Pon tres objetos que estén relacionados, como los que se proponen en la lista de materiales, en una bolsa de papel.
2. Prepara dos bolsas más de igual modo.
3. Sienta al niño en el suelo y saca la primera bolsa.
4. Ábrela y deja que saque un objeto sin ver los otros dos.
5. Dile que lo identifique y después pregúntale qué más cree que hay dentro.
6. Si acierta uno de ellos sácalo y enséñaselo.
7. Luego dile que adivine cuál es el último.
8. Si tiene problemas para identificar el tercer objeto explícale qué relación hay entre el primero y el segundo y dile que lo intente de nuevo.
9. Cuando haya identificado los tres objetos pregúntale qué tienen en común.
10. Repite el juego con el resto de las bolsas.

Variación: Haz el juego con comida. Pon en una mesa tres alimentos relacionados, por ejemplo una base de pizza, salsa de tomate y queso rallado, y pregunta al niño qué obtendrá al combinarlos.

Seguridad: No utilices nada que pueda resultar peligroso, e intenta seleccionar objetos que tu hijo conozca para que pueda identificar algunos.

MIMO

Tu hijo es un gran imitador, y aprende muchas cosas imitando. Dale la vuelta al juego e imítale tú a él.

Materiales:
- Tu cuerpo y el de tu hijo

Aprendizaje:	• Causa y efecto • Desarrollo de las motricidades fina y gruesa • Interacción social

Instrucciones:
1. Dile al niño que se siente en el suelo.
2. Siéntate a su lado exactamente en la misma postura.
3. Cada vez que se mueva o haga algo imítale.
4. Obsérvale para ver si se da cuenta de lo que estás haciendo.

Variación: En lugar de imitarle haz tú algo para que él te imite a ti. Por ejemplo, da tres palmadas y dile que haga lo mismo. Sigue haciendo movimientos para que te imite. Luego deja que sea él quien dirija el juego.

Seguridad: Si hace algo peligroso, para el juego y resuelve el problema antes de continuar. No te burles de él con tus imitaciones.

EXCAVACIÓN

A todos los niños les gustan los dinosaurios. Aunque no sean capaces de decir patata pronuncian la palabra «Tiranosaurus Rex» con una gran facilidad. Este juego le encantará a tu pequeño arqueólogo.

Materiales:

- Huesos de dinosaurio de plástico (se venden en jugueterías y tiendas de museos)
- Una caja de arena
- Una cuchara o una pala pequeña de plástico

Aprendizaje:	• Capacidad cognitiva (relación de una parte con el todo) • Desarrollo de la motricidad fina • Desarrollo del lenguaje

Instrucciones:

1. Separa los huesos de dinosaurio y entiérralos en una caja de arena.
2. Dale a tu hijo una cuchara o una pala de plástico y dile que excave en la arena para buscar huesos de dinosaurio.
3. Cuando encuentre uno dile que lo deje en el suelo y siga buscando.
4. Cuando haya encontrado todos los huesos ayúdale a reconstruir el dinosaurio.

Variación: Puedes jugar con cualquier cosa que tenga muchas piezas, por ejemplo un rompecabezas, un juego de construcción o una granja de animales.

Seguridad: Vigila al niño para que no se meta arena en los ojos.

JUEGO DE SOMBREROS

A tu hijo le gusta representar diferentes papeles. Dale una gran variedad de accesorios para estimular su imaginación, por ejemplo una colección de sombreros originales.

Materiales:

- Varios sombreros, por ejemplo una gorra de béisbol, un sombrero de paja, una boina, un casco de bombero, un gorro de soldado, un sombrero con plumas, un sombrero vaquero, una chistera y un gorro de papel de periódico
- Un espejo

Aprendizaje:	• Identidad y conocimiento del cuerpo • Simulación e imaginación • Desarrollo de las motricidades fina y gruesa

Instrucciones:

1. Busca en el armario, en una tienda de disfraces o entre los vecinos varios sombreros originales. Cuantos más consigas, más papeles podrá representar.
2. Pon los sombreros en una caja grande y tápala.
3. Coloca la caja al lado de un espejo.
4. Anima al niño a que abra la caja y saque un sombrero.
5. Dile que se lo pruebe y que se mire en el espejo.
6. Anímale a que actúe como la gente que lleva sombreros de ese tipo. Por ejemplo, si se pone una gorra de béisbol puede simular que maneja un bate.

Variación: Haz lo mismo con zapatos, ropa, pelucas, caretas y otros accesorios.

Seguridad: Asegúrate de que los sombreros estén limpios y no tengan alfileres dentro.

COLADA

Lo que para ti es una tarea para tu hijo puede ser un buen juego. Y mientras te ayuda a ordenar la ropa aprenderá a clasificar cosas y desarrollará su capacidad cognitiva.

Materiales:

- Una colada grande limpia y seca
- Una zona despejada

Aprendizaje:	• Conocimiento del cuerpo • Clasificación y selección • Desarrollo de las motricidades fina y gruesa

Instrucciones:

1. Cuando tengas la ropa limpia y seca ponla amontonada en el suelo.
2. Siéntate al lado de tu hijo y enséñale a clasificar la ropa. Por ejemplo, puede ordenarla por colores, poniendo en un montón las prendas rojas, en otro las verdes, en otro las azules...
3. Cuando termine dile que la ordene siguiendo otro criterio, por ejemplo de acuerdo con su forma, su tamaño, a quién pertenece, si es nueva o vieja, si tiene cremalleras o corchetes.

Variación: Dile a tu hijo que cierre los ojos y adivine en qué montón debe ir una prenda sólo por el tacto.

Seguridad: Si se pone alguna prenda ten cuidado para que no se enrede con ella.

¿QUÉ SUENA?

A los niños les encanta escuchar música, voces, animales. Ayuda a tu hijo a desarrollar su capacidad auditiva con una serie de sonidos familiares que pueda reconocer. Lo único que necesitas es una grabadora portátil.

Materiales:
- Una grabadora y una cinta
- Sonidos interesantes

Aprendizaje:	• Causa y efecto
	• Capacidad de clasificación
	• Capacidad auditiva

Instrucciones:
1. Utiliza una grabadora para grabar distintos sonidos, por ejemplo el ladrido de un perro, la canción de *Barrio Sésamo*, la voz de papá, el timbre del teléfono y el tintineo de las llaves. Haz una pausa entre cada sonido.
2. Pon la cinta para ver si tu hijo es capaz de reconocer los sonidos. Si no has dejado suficiente espacio entre uno y otro, para la cinta a fin de que tu hijo tenga tiempo de adivinarlo.
3. Vuelve a poner la cinta, esta vez diciéndole de dónde procede cada sonido.

Variación: Graba voces que a tu hijo le resulten familiares —las de sus abuelos, sus hermanos, sus amigos, los vecinos— y después dile que identifique a la gente por su voz.

Seguridad: Los sonidos se deben oír con claridad, pero procura que no sean muy fuertes para que el niño no se asuste.

GAFAS MÁGICAS

Aunque tu hijo tiene su propia perspectiva —el egocentrismo— puedes enseñarle a ver las cosas de otro modo con estas gafas mágicas. Al fin y al cabo, a todos nos gusta ver el mundo de color de rosa.

Materiales:

- Cartón flexible (o el dorso de una caja de cereales)
- Un lapicero
- Unas tijeras
- Celofán rojo, azul, verde y amarillo
- Cinta adhesiva

Aprendizaje:	• Capacidad de clasificación • Creatividad e imaginación • Estimulación y agudeza visual

Instrucciones:

1. Corta una tira de cartón flexible que cubra los ojos del niño y le rodee la cabeza.
2. Pónsela en la cara y marca los agujeros de los ojos con un lapicero.
3. Recorta unos agujeros grandes para que pueda ver bien cuando se ponga las gafas.
4. Corta una tira de celofán rojo, tapa con ella los agujeros de los ojos y pégala con cinta adhesiva.
5. Ponle a tu hijo la máscara, con la cinta adhesiva hacia fuera, y asegúrate de que puede ver. Sujeta los extremos de la máscara en la parte de atrás con otro trozo de cinta adhesiva.
6. Deja que vea el mundo con un color nuevo.
7. Cuando se canse de ver las cosas rojas cambia el color de los cristales.

Variación: En lugar de hacer unas gafas haz un telescopio. Cubre uno de los extremos de un tubo de cartón con celofán para que tu hijo vea el mundo de colores.

Seguridad: Asegúrate de que el niño puede quitarse las gafas con facilidad para evitar que se asuste.

SECUENCIAS

Cuando tu hijo comience a encajar las piezas que componen su entorno ayúdale a construir secuencias; para aprender a leer debe dominar esta habilidad.

Materiales:
- Series de fotografías, por ejemplo de las vacaciones, de una fiesta de cumpleaños, de Navidad, del primer día de parvulario
- Una cartulina blanca
- Un rotulador
- Una mesa

Aprendizaje:	• Causa y efecto • Capacidad mental-cognitiva • Ejercicios de prelectura • Discriminación visual

Instrucciones:
1. Busca en el álbum familiar series de cuatro fotografías de un acontecimiento especial que formen una secuencia. Por ejemplo: 1. Recepción de invitados. 2. Apertura de regalos. 3. Pastel. 4. Despedida.
2. Dibuja en una cartulina blanca cuatro recuadros un poco más grandes que las fotografías.
3. Numera los recuadros del uno al cuatro.
4. Sienta al niño en la mesa con la cartulina delante.
5. Extiende las cuatro fotografías para que las vea bien.
6. Recuérdale lo que sucedió ese día y luego pregúntale «¿Qué pasó primero?» para que coja la foto que representa el comienzo de la fiesta. Si necesita ayuda dale pistas.
7. Dile que ponga esa foto en el recuadro número 1.
8. Busca la segunda fotografía y repite los mismos pasos hasta que todas estén en orden.

Variación: En vez de usar fotografías recorta un cuento barato. Coge una página del comienzo, dos del medio y una del final y dile a tu hijo que las ordene.

Seguridad: Si ves que el niño se siente frustrado utiliza sólo tres fotos y dale muchas pistas.

CUADROS CON BUDÍN

A tu hijo le gusta clasificar cosas para organizar su entorno, pero hay elementos que se superponen. Dale la oportunidad de descubrir nuevas perspectivas para potenciar su desarrollo cognitivo.

Materiales:
- Budín
- Una mesa tapada con un plástico
- Un babero o una bata

Aprendizaje:	• Capacidad mental y de clasificación • Expresión emocional • Desarrollo de la motricidad fina

Instrucciones:
1. Compra o haz un budín del sabor que más le guste a tu hijo.
2. Tapa la mesa con un plástico (o utiliza una mesa que se pueda limpiar con facilidad).
3. Ponle al niño un babero o una bata.
4. Siéntale en una silla alta para que llegue bien a la mesa.
5. Échale una cucharada grande de budín en la mesa para que pinte con los dedos. Si necesita un poco de ayuda enséñale cómo se hace.

Variación: Utiliza budín de vainilla y tiñe varias porciones de distintos colores para que quede más vistoso. Si quieres guardar un dibujo coloca encima una hoja blanca de papel, levántala con cuidado y deja que se seque.

Seguridad: Dile a tu hijo que puede probar el budín mientras juega. Pero si usas pintura incomestible no dejes que se la meta en la boca.

A PARES

Cuando tu hijo comience a reconocer las semejanzas y las diferencias que hay entre los objetos tridimensionales y sus representaciones gráficas proponle este juego para ver si es capaz de asociarlos.

Materiales:

- Fotografías de revistas de objetos que haya en casa: pasta de dientes, potitos, un sombrero, un juguete, unos zapatos, un reloj
- Objetos reales como los de las fotografías

Aprendizaje:	• Clasificación y asociación • Representación de la realidad • Discriminación visual

Instrucciones:

1. Busca varias fotografías de objetos que tengas en casa.
2. Reúne los objetos reales que estén representados en las fotografías.
3. Pon los objetos reales en el suelo o en una mesa.
4. Siéntate con el niño delante de los objetos.
5. Enséñale la fotografía de uno de ellos y dile que busque el objeto real.
6. Continúa hasta que haya emparejado todos los objetos.

Variación: Omite un par de objetos para que algunas fotos no tengan correspondencia y observa si tu hijo descubre qué falta. En vez de asociar cosas similares, como la fotografía de un cepillo de dientes y un cepillo real, busca objetos que estén relacionados, por ejemplo pasta de dientes y un cepillo.

Seguridad: Utiliza objetos con los que tu hijo no pueda hacerse daño. Ayúdale y dale muchos ánimos para que no se sienta frustrado.

AGUA Y ARENA

Con una caja de arena y un cubo de agua tu hijo podrá imaginarse que está en la playa y realizar un gran número de actividades. Verás qué bien se lo pasa.

Materiales:

- Una caja grande de cartón o madera
- Arena fina
- Un cubo de agua
- Juguetes de plástico y figuritas pequeñas
- Palas, coladores, botes, cucharas y otros utensilios de cocina

Aprendizaje:	• Causa y efecto • Desarrollo de la motricidad fina • Imaginación y simulación • Exploración sensorial

Instrucciones:

1. Pon una caja grande de cartón o madera en el jardín y llénala de arena.
2. Saca también un cubo de agua, juguetes de plástico y algunos utensilios de cocina.
3. Deja que el niño juegue con la arena y utilice su imaginación mientras la cuela, la echa de un lado a otro y entierra cosas en ella.

Variación: Entierra en la arena varias figuritas pequeñas cuando tu hijo no esté mirando y dile que descubra los tesoros escondidos.

Seguridad: Vigila al niño por si acaso se mete arena en los ojos.

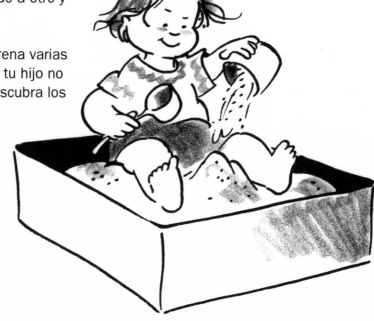

JUEGO DE CUBILETES

Cuando tu hijo era más pequeño podías engañarle, pero ahora no te resultará tan fácil. Inténtalo con este divertido juego.

Materiales:
- Una mesa
- Tres cubiletes o cuencos pequeños de distintos colores
- Caramelos o galletas pequeñas

Aprendizaje:	• Coordinación óculo-manual • Resolución de problemas • Seguimiento y agudeza visual

Instrucciones:
1. Sienta al niño en la mesa.
2. Coloca sobre ella, boca abajo, tres cuencos de colores.
3. Pon un caramelo o una galletita delante de uno de los cuencos.
4. Tapa el caramelo con el cuenco.
5. Mueve los cuencos de un lado a otro para que tu hijo siga el que tiene el caramelo escondido.
6. Pregúntale: «¿Dónde está el caramelo?».
7. Dile que levante el cuenco donde crea que está escondido.
8. Si acierta déjale que coma el caramelo.
9. Juega de nuevo.

Variación: Pon caramelos en los tres cuencos y dile que busque uno de ellos. Para aumentar la dificultad del juego puedes usar tres cuencos del mismo color.

Seguridad: Mueve los cuencos despacio para que el niño pueda seguir el caramelo sin problemas y no se sienta frustrado.

CUENTOS DISPARATADOS

Cuando tu hijo crea que tiene las cosas claras cuéntale una historia absurda para que piense un poco. Utiliza para este juego sus cuentos favoritos.

Materiales:

- Un cuento con ilustraciones

Aprendizaje:	• Capacidad mental-cognitiva • Desarrollo del lenguaje y el vocabulario • Interacción social

Instrucciones:

1. Coge uno de los cuentos que más le gusten a tu hijo.
2. Siéntate con él en un lugar cómodo.
3. Comienza a leer el cuento como siempre.
4. Al cabo de unas páginas, en vez de leer lo que está escrito invéntate algo absurdo. Por ejemplo, si estás leyendo *Los tres cerditos*, di que el que llama a la puerta no es un lobo sino un gorila.
5. Haz una pausa para ver cómo reacciona tu hijo. Cuando diga «Eso no es así» lee bien unas cuantas páginas.
6. Al cabo de un rato sorpréndele con otra tontería.
7. Sigue inventándote cosas absurdas de vez en cuando.

Variación: Haz lo mismo con una de sus canciones favoritas, por ejemplo cambiando la letra de «En la vieja factoría».

Seguridad: Si el niño se pone nervioso con los cambios deja el juego para otro momento.

BOLSAS DE OLORES

Los niños nacen con un buen sentido del olfato, y desde muy pequeños distinguen a papá y mamá por su olor. Ayuda a tu hijo a desarrollar su olfato con este divertido juego.

Materiales:
- Sustancias olorosas: colonia infantil, una flor, comida para niños, ropa limpia, un trozo de plástico, una pastilla de jabón
- Bolsas de papel

Aprendizaje:	• Causa y efecto • Capacidad de clasificación • Exploración sensorial

Instrucciones:
1. Selecciona varias sustancias olorosas que le resulten familiares a tu hijo.
2. Pon cada una en una bolsa de papel y cierra las bolsas.
3. Siéntate con el niño en el suelo junto a las bolsas.
4. Coge una bolsa y ábrela.
5. Huele el contenido para demostrarle cómo se juega y deja que él lo huela sin mirarlo.
6. Dile que adivine qué hay dentro. Dale pistas si necesita ayuda.
7. Abre la bolsa para que vea qué hay en su interior.
8. Haz lo mismo con el resto de las bolsas.

Variación: Utiliza diferentes alimentos, por ejemplo una naranja, un plátano, una rebanada de pan, una galleta, un queso fuerte, un trozo de chocolate y algunas verduras.

Seguridad: No uses nada que tenga un olor desagradable o muy fuerte.

¡SNIF... SNIF!

SALVAMENTO

Este juego se puede hacer en la bañera o en una piscina pequeña. Verás cómo se lo pasa tu hijo intentando rescatar el barco hundido.

Materiales:
- Una bañera o una piscina pequeña
- Agua
- Juguetes pequeños de plástico, por ejemplo barquitos
- Toallitas

Aprendizaje:	• Desarrollo de la motricidad fina • Resolución de problemas • Interacción social

Instrucciones:
1. Llena la bañera con agua templada.
2. Mete al niño en la bañera.
3. Pon en el agua varios juguetes que floten, por ejemplo barquitos de plástico.
4. Tapa los barcos con toallitas.
5. Pregunta a tu hijo «¿Dónde están los barcos?» para ver si los encuentra.

Variación: Utiliza juguetes que se hundan para que el niño los busque en el fondo de la bañera o la piscina.

Seguridad: No le dejes solo en ningún momento.

BÚSQUEDA DE PEGATINAS

En esta versión del escondite tu hijo tendrá que buscar pegatinas. Utiliza tu imaginación para esconderlas en sitios originales.

Materiales:
- Varias pegatinas
- Una habitación

Aprendizaje:	• Desarrollo de las motricidades fina y gruesa • Resolución de problemas • Seguimiento y agudeza visual

Instrucciones:
1. Compra un surtido de pegatinas interesantes.
2. Ponlas por la habitación en los muebles, en las lámparas, en el suelo, en las paredes, en los zapatos e incluso en el perro. Todas ellas deben estar a la vista.
3. Lleva al niño a la habitación y dile que busque las pegatinas que has escondido.
4. Si necesita ayuda dale pistas y vete diciéndole «frío» o «caliente» a medida que se aleje o se acerque a una pegatina.
5. Dile que se las vaya poniendo en la camiseta cuando las encuentre.

Variación: Deja que esconda las pegatinas para que tú las busques. También puedes usar juguetes pequeños, caramelos, fotografías o cualquier otra cosa interesante.

Seguridad: No pongas las pegatinas en ningún lugar poco accesible para tu hijo o que implique algún riesgo. Asegúrate de que las pueda ver bien para evitar que se sienta frustrado.

OBRA DE TEATRO

Lleva a escena uno de los cuentos favoritos de tu hijo y observa cómo disfruta viendo actuar a los personajes.

Materiales:
- Una manta
- Un cuento
- Disfraces para los personajes que elijas

Aprendizaje:	• Creatividad e imaginación • Simulación • Desarrollo del lenguaje y el vocabulario

Instrucciones:
1. Extiende una manta en el suelo para que sirva como escenario.
2. Busca uno de los cuentos favoritos de tu hijo, por ejemplo *El osito Winnie* o *Peter Rabbit*.
3. Prepara los disfraces para los personajes del cuento.
4. Lee a tu hijo la historia.
5. Después sacad los disfraces y ponéoslos.
6. Representad juntos el cuento sobre el escenario.

Variación: Si lo prefieres puedes usar muñecos o marionetas para la puesta en escena.

Seguridad: Si tu hijo se asusta durante la representación recuérdale que sólo es un juego. Déjale que elija el papel que más le guste para que le resulte más divertido.

CUERDA FLOJA

A esta edad tu hijo es capaz de andar sin problemas, pero puedes ponérselo un poco más difícil con una cuerda floja. ¿Por qué no lo intentas tú también?

Materiales:
- Una zona despejada
- Cinta de pintor

Aprendizaje:	• Equilibrio y coordinación • Coordinación óculo-pedal • Desarrollo de la motricidad gruesa

Instrucciones:
1. Despeja la habitación para que haya mucho espacio.
2. Traza una línea en el suelo con cinta de pintor; comienza con una línea recta, haz una serie de curvas y termina con una espiral.
3. Dile al niño que ande por la cuerda floja. Inténtalo tú primero procurando no salirte de la línea.
4. Cuando lo intente tu hijo observa si mantiene el equilibrio mejor que tú.

Variación: Pon la cinta por toda la casa, incluso por encima de los muebles, para hacer una pista de obstáculos. También puedes andar por la cuerda hacia atrás.

Seguridad: Evita las zonas peligrosas. Si tu hijo tiene problemas de equilibrio y se siente frustrado, pon la cinta paralela a la pared para que pueda apoyarse.

JUEGOS ACUÁTICOS

Los niños no se cansan nunca de jugar con el agua, que ofrece un gran número de posibilidades en todas las fases de desarrollo. Amplía el repertorio acuático de tu hijo con este juego.

Materiales:

- Una palangana grande de plástico
- Utensilios para jugar con el agua: recipientes de plástico; una jeringa de cocina; un embudo o un colador; una pajita para soplar; un batidor manual para remover; un cazo para llenar y verter; platos de plástico para que floten

Aprendizaje:	• Creatividad e imaginación • Propiedades físicas • Desarrollo de la motricidad fina

Instrucciones:

1. Coloca en el jardín una palangana grande de plástico y llénala con agua tibia.
2. Pon en la palangana varios utensilios, como los propuestos.
3. Deja que el niño explore el agua con la ayuda de esos objetos.
4. Al cabo de un rato dile cómo se usa cada utensilio para que tenga aún más opciones.

Variación: Haz pompas de jabón con el agua para que el juego resulte más divertido. Si lo prefieres podéis jugar en la bañera.

Seguridad: No dejes solo al niño en ningún momento.

¿QUÉ HA PASADO?

Con este juego ayudarás a tu hijo a desarrollar su capacidad para pensar y resolver problemas. Y te sorprenderá con sus respuestas.

Materiales:

- Fotografías de situaciones emotivas o curiosas: un gato subido a un árbol, un niño llorando, una bebida derramada, un niño sorprendido, un juguete roto, un plato con poca comida
- Unas tijeras
- Cartulina
- Pegamento

Aprendizaje:	• Capacidad mental-cognitiva • Desarrollo del lenguaje • Resolución de problemas • Interacción social

Instrucciones:

1. Busca varias fotografías que representen situaciones que den que pensar, como las que se describen en la lista de materiales.
2. Recorta las fotos y pégalas en trozos de cartulina para manejarlas con más facilidad.
3. Siéntate en el suelo con tu hijo y coge una fotografía.
4. Pregúntale «¿Qué ha pasado?» poniendo cara de sorpresa y encogiendo los hombros.
5. Déjale tiempo para pensar y dar una respuesta. Si necesita ayuda dale pistas.
6. Cuando se imagine lo que ha ocurrido pasa a la siguiente fotografía.

Variación: Cuando identifique el problema dile que te ayude a resolverlo. Por ejemplo, si en la foto hay un gato subido a un árbol pregúntale: «¿Qué podemos hacer?».

Seguridad: No utilices fotografías que puedan poner nervioso a tu hijo o sean muy complicadas. El juego debe ser fácil y ameno.

EL NIÑO Y SU MUNDO

Títulos publicados:

1. **Juegos para desarrollar la inteligencia del bebé** - *Jackie Silberg*

2. **Juegos para desarrollar la inteligencia del niño de 1 a 2 años** - *Jackie Silberg*

3. **Luz de estrellas. Meditaciones para niños 1** - *Maureen Garth*

4. **Rayo de luna. Meditaciones para niños 2** - *Maureen Garth*

5. **Enseñar a meditar a los niños** - *David Fontana e Ingrid Slack*

6. **Los niños y la naturaleza** - *Leslie Hamilton*

7. **Rayo de sol. Meditaciones para niños 3** - *Maureen Garth*

8. **El jardín interior** - *Maureen Garth*

9. **300 juegos de 3 minutos** - *Jackie Silberg*

10. **Educar niños felices y obedientes con disciplina positiva** - *Virginia K. Stowe y Andrea Thompson*

11. **Juegos para hacer pensar a los bebés** - *Jackie Silberg*

12. **Luz de la tierra. Meditaciones para niños 4** - *Maureen Garth*

13. **El espacio interior** - *Maureen Garth*

14. **Comidas sanas y nutritivas para el bebé** - *Marie Binet y Roseline Jadfard*

15. **El ABC de la salud de tu hijo** - *William Feldman*

16. **Cómo contar cuentos a los niños** - *Shirley C. Raines y Rebecca Isbell*

17. **Niños felices** - *Michael Grose*

18. **Tu bebé juega y aprende** - *Penny Warner*